网红经济学

人格力量下的 C2B 商业逻辑

张帅◎著

中国宇航出版社
·北京·

图书在版编目（CIP）数据

网红经济学：人格力量下的 C2B 商业逻辑 / 张帅著. -- 北京：中国宇航出版社，2017. 1

ISBN 978 - 7 - 5159 - 1119 - 9

Ⅰ. ①网… Ⅱ. ①张… Ⅲ. ①网络营销-研究 Ⅳ. ①F713. 365. 2

中国版本图书馆 CIP 数据核字（2016）第 197909 号

责任编辑　吴媛媛　　**装帧设计**　宇星文化

出版发行	中国宇航出版社		
社　址	北京市阜成路 8 号	邮　编	100830
	(010)60286808		(010)68768548
网　址	www.caphbook.com		
经　销	新华书店		
发行部	(010)60286888		(010)68371900
	(010)60286887		(010)60286804(传真)
零售店	读者服务部		
	(010)68371105		
承　印	北京画中画印刷有限公司		
版　次	2017 年 1 月第 1 版		2017 年 1 月第 1 次印刷
规　格	880×1230	开　本	1/32
印　张	8. 5	字　数	200 千字
书　号	ISBN 978 - 7 - 5159 - 1119 - 9		
定　价	49. 00 元		

本书如有印装质量问题，可与发行部联系调换

下一代电商主流形态
PAPI酱
张大奕
乔丹
Ellipticals
Irregulars
Strong Bulge

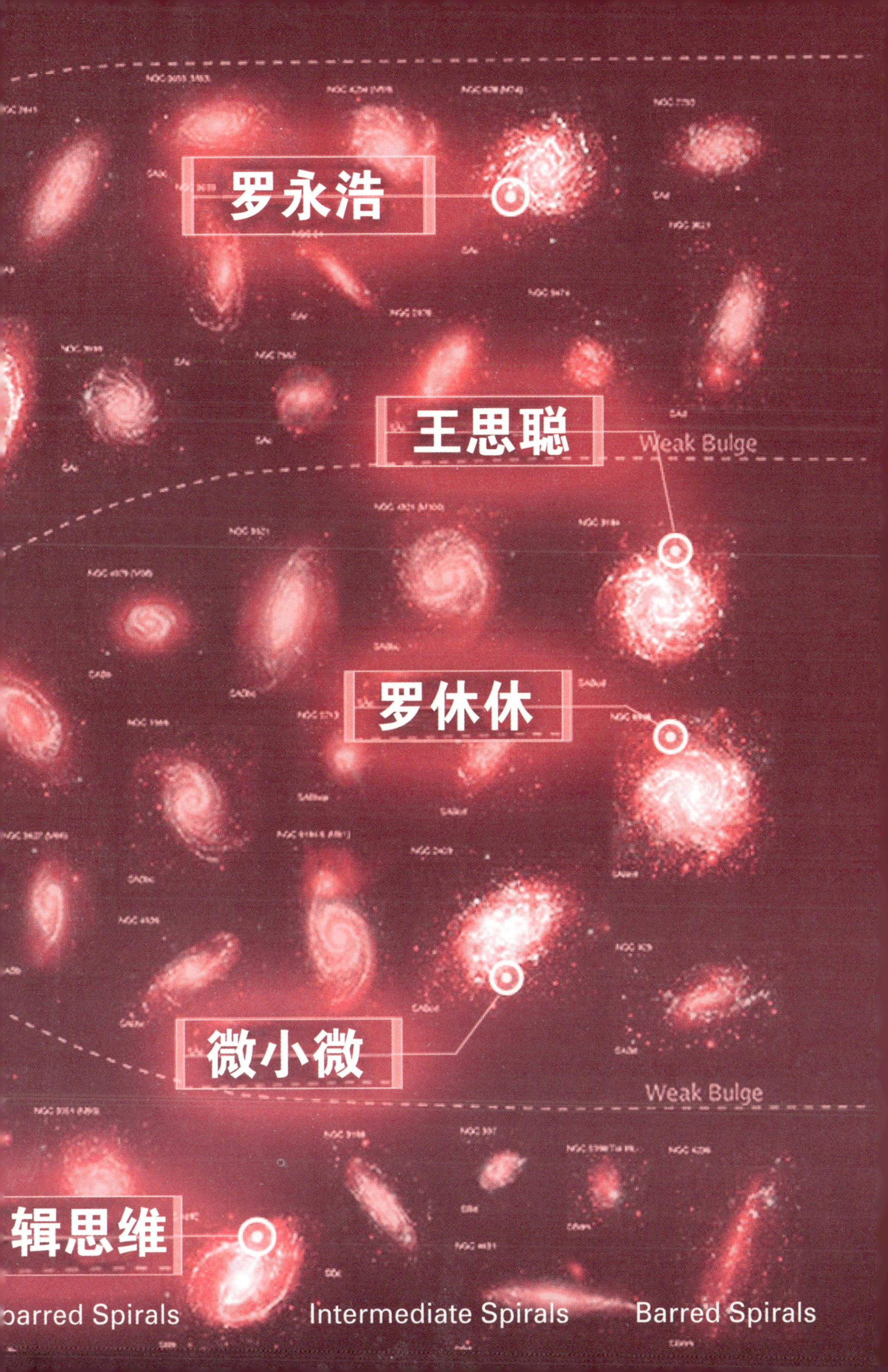
罗永浩
王思聪
Weak Bulge
罗休休
微小微
Weak Bulge
辑思维
barred Spirals
Intermediate Spirals
Barred Spirals

推荐序一

比红还要红的网红经济

依文集团董事长
中国企业家俱乐部理事
夏华

推荐序一

2016 年被视为网红元年，这一年发生了一个标志性事件：3 月 21 日，网红 papi 酱获得真格基金、罗辑思维、光源资本和星图资本联合投资，首轮融资额达 1 200 万元。这一事件使得网红获得了前所未有的关注度。网红开始进入大众视野，并走上了产业化运作的道路。

从网红现象升级为网红经济，意味着网红具有更多的商业机会和更宽广的营销视角。当下，创业、金融、投资、商业合作等领域都活跃着网红耀目的身影。目前，大部分网红通过广告、电商、签约和创业这四种方式来实现个人商业价值。

广告是最传统的变现方式，也是目前大多数网红采用的一种变现方式。品牌商“购买”网红的影响力，在网红生产的内容中植入广告或直接发布贴片广告，亦或请网红代言产品。

电商变现是网红盈利的另一种重要方式。网红将粉丝从社交媒体导流到电商平台，将流量转化为销量。淘宝网女装月销售额超过百万元的网红店铺有 1 000 多家，这些店铺大多采取 C2B 预售模式。网红店铺往往由专业团队运营，从产品设计到营销推广都不同于传统的电商模式。他们将产品先在社交平台上预热，通过网红与粉丝的互动收集反馈信息，再根据消费者的订购数量进行生产。对于服装企业来说，这种以销定产的 C2B 模式，有利于减少库存，加快资金回笼速度。

有的大牌网红走上了创业的道路。比如搞怪视频达人艾克里里与“飞博共创”共同设立了上海借智文化创意有限公司，王思聪于 2015 年推出了熊猫 TV，同道大叔创立了陪我 App，等等。

因为网红背后蕴藏着巨大的商业利益，网红产业受到了疯狂追捧，不仅众多风险资本闻风而动，还出现了专业运作的网红孵化器。网红孵化器的产生标志着网红进入了专业化和产业化的运行轨道。

然而光明的市场前景背后也存在隐忧。当今社会，最缺乏的就是信任。网红从民间走向星光熠熠的舞台，从自娱自乐的社交达人成为经纪公司的赚钱利器，如何在粉丝信任和商业利益之间找到最佳平衡点，并不像我们想象中那样简单。

《网红经济学：人格力量下的 C2B 商业逻辑》这本书，不但介绍了网红以及网红经济的渊源、实质和内涵，还结合丰富翔实的案例，以独到的视角和极具前瞻性的眼光，告诉你怎样打造网红经济。作者张帅本身就是一位非常前卫的创业者，他创办的“网红猫”估值已经过亿。可以说，他是成功的互联网思维实践者之一。这一次，他“授人以渔”，为我们打开了“网红经济”的宝藏之门。对于那些只看到网红现象的表面而不了解网红经济运作实质的创业者来说，这本书是很好的指南。

推荐序二

直播、爆款、网红与 C2B

丰厚资本创始合伙人
创业社群黑马会副会长
杨守彬

推荐序二

前段时间我首次尝试直播，短短 2 个小时就吸引了将近 520 万粉丝围观。直播中植入了不少赞助商的产品，如全程用的是乐视 TV 做下的投影，然后一边啃着赞助商提供的猪蹄，喝着赞助商的酒，一边与网友愉快聊天。直播结束后，很快又推出“韩后特约，彬哥直播”的系列推文。通过这场直播，以上品牌都收获了一定的知名度和效益，我也因此成为了创投圈里的“网红”。

2016 年年初，自媒体原创视频达人 papi 酱一夜爆红，她被誉为“2016 年第一网红”。很快，papi 酱就获得了真格基金、罗辑思维、光源资本和星图资本共计 1 200 万元的投资，估值约为 1.2 亿元。通过这组数字，我们可以清楚地看到网红的影响力。

网红不仅仅在国内如火如荼，在国外也方兴未艾。2016 年 4 月 26 日，中国品牌波司登正式与韩国浮健株式会社合作，这家韩国公司的常务理事任志弦小姐是韩国知名网红，拥有数十万粉丝，大大提升了企业电商的销售额。波司登董事长表示，中韩两国的年轻人都喜欢尝试新事物、认识新世界，跨境电商和网红经济是他们易于接受的消费方式。

网红经济学
人格力量下的 C2B 商业逻辑

网红带来的经济效益不比明星代言的效果差，其传播的方式也更加多样化。我认为，网红经济如一个“爆款”，“无节操，有底线”的东西更有传播力。网红正是迎合了这一点，只要观众喜欢，我做什么都可以，但我会坚守基本的底线。

好的商业模式或者好的产品，要么创造了新的价值，要么提升了用户体验，要么提高了行业效率，总之要有真实的价值。现在很多产品都属于创始人和创始团队自嗨型的，根本没有关注是否满足了用户的需求。

网红经济创造了新的价值并且提升了用户体验。网红在直播平台或微博上发布自己即将上新的产品，探寻顾客的需求，然后按照需求生产产品，这就是 C2B。C2B 是一种新的商业模式，它的核心是以消费者为中心，消费者当家做主，消费者来决定自己需要的产品是什么样子的。在 C2B 电子商务模式下，C 端与 B 端的博弈不再是零和游戏，而是多赢。而连接 C 端与 B 端的网红，也会从中分得蛋糕。这块蛋糕，是千亿级的大蛋糕。

《网红经济学：人格力量下的 C2B 商业逻辑》这本书，透过网红现象看到了 C2B 的本质。书中解读了各大电商公司如何运用网红经济盈利，并提出了运作网红经济时所需要注意的方方面面，非常值得互联网从业者静下心来读一读。

推荐序三

即将诞生独角兽

微播易创始人、CEO
徐扬

在 2016 年上半年，有三股大浪潮扑面而来，分别是“社群经济”“网红经济”和“直播经济”。初看时，以为分属不同领域，但其实都是建立在社交网络快速发展的基础之上。

新浪潮对业界的影响不言而喻。仅 2015 年下半年，微播易后台就显示出了来自市场端的数据变化，视频与直播订单上扬了 78%，到 2016 年春节时更是一举超越微博。在真实的市场中，资金总是向最有效的地方快速流动。

此后，以李开复、雷军、牛文文为代表的业界大佬，都接二连三进入直播领域，他们的每一次直播都吸引着数十万乃至数百万人。我在 2016 年 5 月底尝试了一次直播，也吸引了近百万人围观。我从中感觉到：人们对直播的接纳程度和进入速度远超想象。

在这股热潮的背后有个关键词：经济。对于直播而言，播主变现模式有三：一是广告，二是电商转化，三是打赏。其中，广告和电商转化机会的释放，引发了掘金者迅速入局和布局。培育网红的公司、专门协助网红进行货品管理的企业等，如雨后春笋般冒出来。微播易也协助广告主和网红之间进行广告业务匹配，以帮助网红快速成长。

网红经济学
人格力量下的 C2B 商业逻辑

在以信任为基础的社交网络中，用户支付的货币是“时间”。不管微博还是微信，都已经牢牢吸引了大批用户的大量时间，这导致了一轮又一轮的社交红利释放。当直播与社交结合在一起时，用户的时间货币再度发生质的变化，由过去被无数好友及其信息争抢的环境变为了被视频和直播独占。在这个变化中，网红得以获得更高效的变现和转化。

除去广告，我们还可以隐约看到另一个巨大的产业机会，那就是社交电商。自 2009 年微博崛起，社交电商就成为一个备受业界瞩目的市场。新浪微博投资麦考林、阿里巴巴投资新浪微博、微商入驻微信等，游戏参与方不断通过各种方式试探这个潜在商业帝国的入口。当业界将目光投向网红时，意外发现“社交电商”这个命题的答案就潜藏在其中：在时间货币不断增加的基础上，信任导致用户定义自身身份的方式发生了变化，由过去的分享和点赞直接变成“买买买”。粉丝有更大意愿去购买网红的推荐，并且愿意持续追随自己喜爱的网红。这推动了网红经济浪潮的迅速到来。

在这种变化下，粉丝和市场要求网红提供更人格化的内容、更优质的服务、更具有网红自身属性的商品。能做到这三点，就能吸引更多的粉丝，获得更高的转化率。信任会制约坏服务的数量，也会推动好服务的不断升级。关于网红产业的机会、威胁、打法，张帅在《网红经济学：人格力量下的 C2B 商业逻辑》一书中有深刻见解，值得一读。

对于这股以网红经济为代表的新趋势，我持有一个简单而朴素的判断：会诞生出多家独角兽公司。他们将在各个领域迅猛发展，不管是内容团队（哪怕是一个直播账号），还是电商，抑或是其他。

时代创造了机会，而机会永远只留给那些有准备的人。市场上见！

推荐序四

网红可能昙花一现，网红经济会长久璀璨

信泽集团控股创始人兼 CEO
万紫千红网红联盟会长
周重润

推荐序四

一

老一代网红“凤姐”正式签约某网客户端成为主笔，开通公众号，4 篇文章吸粉 7 万。新生代网红 papi 酱赢得了罗振宇和多家资本机构 1 200 万的联合投资……

提到网红，最为人们津津乐道的可能是“乌鸡变凤凰”的励志故事，与“经济”联系在一起，不过是开开网店、发发广告、卖卖东西罢了。

如果是这样，那就太小看网红的影响力了！

我们不妨看看企业界：“董小姐”董明珠、“雷布斯”雷军、“鸡汤大师”马云……哪一个不是频频登上头条的热点话题人物？现如今，老板站台当网红已经成为风潮。

无论是政界还是商界，无论是文化圈还是娱乐圈，网红正成为一种趋势，在各个领域发挥着显而易见的影响力。而网红经济作为新的经济物种，正在渗透我们的生活，并将成为下一轮经济发展的驱动引擎。

二

网红，依靠个人魅力获得 IP 化和自品牌的人。20 世纪 40 年代，美国社会学家拉扎斯菲尔德把这样的人称为“关键意见领袖”。今天的网民，特别是 93 后的网络原住民，其个性得到最大化张扬，这一方面归功于便捷的网络和社交媒体，另一方面源于我们进入了彰显个性的时代。

长久以来，“听话哲学”一直是中国教育的核心理念。“乖，听话”是幼儿园老师和家长教育孩子时说得最多的一句话。其后果是，我们培养了一大批千人一面的“乖孩子”，他们没有锋芒，没有个性，创意能力和创造能力都乏善可陈。而这两年网红的井喷式生长，不能不说是长期个性压抑在社会化媒体时代的一种释放，一大批个性鲜明的人走红网络，粉丝数以百万、千万计。而把粉丝变现、产生商业价值的经济，就是“网红经济”。

网红经济是一种新经济崛起的标志，也是一种泛文娱市场的产物。网红经济代表了自我驱动产品消费的提升，在企业产品销售模式中扮演着重要角色，是继电商 O2O 之后孕育 C2B 新电商的沃土。

作为一种新经济体，网红经济将社交电商、网红孵化、网红产出和推广融合，形成了以定制化、社交化为主要渠道的产品销售模式，这种颠覆性的商业闭环，将之前以销定产的商业模式改变为现在以用户驱动销售的商业模式。

三

跟以往依靠商品连接的售卖方式相比较，网红经济时代依靠的是“人”的连接。粉丝不再是单纯的消费者，他们可以与网红平等互动和交流，可以对商品提出自己的设计思路与修改意见，甚至可以参与产品的试制过程。在传统商业时代，他们从来没有被这样重视过，这就是 C2B 的魅力。

作为网红经济的探索者，张帅以全新的案例和数据，结合前瞻性的视角，通过《网红经济学：人格力量下的 C2B 商业逻辑》为我们揭示了网红经济时代个性表演下隐藏的庞大商业市场：从个性化消费到大数据驱动，从 C2B 模式探索到各领域的运用，张帅都提出了独到见解，为学习网红经济、了解网红经济、运作网红经济、投资网红经济的人士提供了许多专业意见。

网红经济学
人格力量下的 C2B 商业逻辑

传统商业时代，人们需要的是优质商品；当今时代，人们需要的是以人为本的商业服务链。而网红经济把对人性的思考放在首位，与时代需求相呼应，并不断延伸产业链，涵盖泛网红内容创业、经济服务链、平台服务链、资本整合链等，从而产生强大的生命力。所以，虽然网红可能会昙花一现，但网红经济会长久服务于这个时代。

个性，是当今时代的一种生存态度，“千人一面”正与我们渐行渐远。网红经济是一场商业模式上的逆袭，唯有抓住此机遇，携手开拓，方不负这个时代！当每个人都能成为 IP，必将天下大不同，这也正是网红经济的意义所在。

目录

目录

contents

自序

网红经济本质上是一场价值输出者主导的新旧商业竞合

『网红猫』网红电商创始人
张帅

2015 年底，《咬文嚼字》杂志发布了“年度十大流行语”，其中“网红”赫然在列。根据腾讯发布的 2016 年大数据报告——《95 后迷之就业观！》，95 后最向往的职业竟然是当主播 / 网红，其占比高达 54%。

网红，原本是一个略带负面色彩的流行词，现在被大众赋予了全新的语义。它不再偏狭地指那些在互联网上卖弄文字的段子手或形容那些基于审美或猎奇心态捧出的草根红人，而是扩大了范围，指某个价值观体系内的“精神领袖”——仅仅做 KOL（关键意见领袖）是不够的，具备人格化的精神输出才是关键。

网红拥有众多粉丝，活跃于各个社交平台，通过最流行的社交方式（直播 / 录播 / 弹幕）和粉丝进行频繁而热烈的即时互动。他们通过价值观输出形成独特的人格特质，从而获得粉丝追随。由于网红具有极强的消费引导力，其后被链接上一个更显“逼格”的后缀——经济。于是，网红成了 2015 年“全球范围内独一无二的新经济物种”，这种趋势延续到了 2016 年，可谓风光无限。

以服装产业为例，2016 年 6 月 20 日，网红张大奕通过 2 个小时的直播创造了 2 000 万元的销售业绩。在“网红经济”的助推下，那些大眼睛、锥子脸、皮肤被滤镜（一种 PS 手段）过度美白的漂亮姑娘们成了淘宝店铺的励志新偶像。她们名牌加身、出手阔绰，年纪轻轻便周游世界；她们有话题、有争议，和富二代、明星天王谈恋爱，轻松霸占媒体头条。她们的穿搭风格被粉丝们争相模仿而导致某种服装成为爆款，她们的存在激活并带动了整条服装产业链。

任何现象往深处看，都可以找到背后的逻辑。哲学如此，经济亦是如此。那么网红背后的商业逻辑是什么呢？

中国的互联网主流创业风潮其实具有明显的代际划分：

> 第一阶段，崛起的主要是网友口中的“公共知识分子”，他们是各自工作领域内的翘楚，赚钱与“吸引眼球”相辅相成，是名副其实的“眼球经济”，他们的创业关键词是“信息”。
>
> 第二阶段，谁控制了流量入口，谁就控制了网络世界。此前积累雄厚的各大门户网站，这一时期在 BAT 的步步紧逼下逐步落伍。BAT“三巨头”崛起，开始统治中国互联网，这一时期的关键词是“流量”。

那么，到了今天，前两个时代的打法是否还可以复制呢？恐怕很难，用户的互联网时间基本已被瓜分，汇聚新鲜流量的难度非常之大。更重要的是，发轫于 Android 和 iOS 系统的移动互联网革命已经改变了整个世界。

在这个新世界中，传统网购方式给用户带来的兴奋感正在逐渐消退，人们迷失在商品搜索的海洋里，如何找到一款击中自己内心、体现自我意识的商品成为用户最大的痛点；尤其是随着移动互联网原住民的崛起，千篇一律的标准化商品越来越难以满足他们的个性化需求。

这些输出独特价值观的网红如同“精神领袖”（Spiritual Leader），将散落在棋盘上的移动端需求归纳梳理出来，每个网红背后所映射出的人格化特征都是某一种社会群体需求在移动互联网时代的集中映射。网红们在分享的轻松状态下，不经意间将纷繁复杂的个性化需求归纳整理好，帮传统供应端解决了分散的个性化需求的汇集聚拢难题。

C2B 商业模式应运而生。商业世界如此神奇，原本看似无解的工业规模化生产与用户个性化需求之间的矛盾，现在在网红与移动互联网原住民的努力下有了解决方案。

C2B 是由用户需求驱动的一种新型商业模式，指的是消费者（C 端）根据自己的需求和意愿提出定制产品的要求，或者主动参与到产品的设计、生产、定价等环节中，而企业（B 端）则需要按照消费者的需求组织设计、生产，提供配送等服务。

在这种商业模式下，用户不再是商品的被动接受者，而是主动决策者；

他们也不必再为找不到心仪的产品而烦恼，因为每一件商品都可以为他们量身定制。另一方面，移动互联网的崛起和大数据应用的进一步发展，使得网络平台上分散且数量庞大的用户需求得以聚合，这就改变了 B2C 模式中用户的弱势地位，同时也使得企业实现批量化定制生产成为可能。

我们再来看网红经济，造偶像、卖生活方式、做价值观输出，吸引了一批拥趸——虽然是小众，但基于庞大的人口基数和对偶像的痴迷程度，小众并不小。然后和他们互动，探知他们的深度需求，影响他们的消费心理，最终完成定制与交易，这是网红的知名度红利商业变现最接地气的方法，也是 C2B 的一种落地形式。网红知名度红利过于学术，我们借用“男友力”这样的新生词汇，称之为“网红力”或许更符合 93 后的使用习惯。

基于网红价值输出所形成的人格特质，网红在获得足够粉丝、形成“网红力”后，将以人格化品牌的方式进入用户心智。这样的路径与传统品牌塑造截然相反。传统品牌都是先有名称，后赋予内涵，再让用户清晰辨识并深刻记忆，其过程相当耗费人力、物力与时间，且成功者极少。而网红自带人格辨识度，粉丝在了解其人格特质后将其人格品牌化，整个过程自然、不做作。可以说，在网红经济中，人格即品牌，内容即渠道。

现代管理学大师彼得 · 德鲁克曾经说过：未来的企业竞争不再是产品和服务，而是商业模式的竞争。C2B 商业模式是一种符合互联网时代开放、合作、互利共赢生态特征的先进商业模式，在未来势必赢得越来越多企业、平台和用户的青睐。

当然，C2B 商业模式虽然具备很多优势，但要想实现并不容易。因为定制产品首先要符合用户的个性化需求，一般都是多品种、小批量生产，这就对企业的快速反应能力、平台协作能力、柔性生产能力、信息技术能力、供应链整合能力等等，提出了更新的或更高的要求。那么，在机遇和挑战面前，应该如何乘势而上？应该做好哪些准备？应该学习哪些企业？又该如何打开思路呢？

在网红经济的实践上，我和我的团队进行了大量的探索。期间有成功，也有失败。总结成功的经验与失败的教训，是我写作本书的初衷。如果能够为那些想要投身网红经济，却仍然处于困惑中的朋友提供一些有益的思路和启发，那么我已然创造了最大的价值。最后，请允许我感谢正在翻阅此书的你，你的认可或拍砖，都是我继续前行的动力。

让我们一起定义网红经济这个新经济物种，你的任何心得、意见或建议，都可以通过扫描封面勒口上的二维码，关注公众号，跟我一起探讨。

与你同行，不孤单。

第1章

网红经济

价值输出与人格特质

方法论

“网红”的定义众说纷纭，但丝毫不影响这个词汇被高频而广泛地使用在各个行业、各种场景。我们对网红的定义为：通过价值输出来凸显人格特质并获得粉丝追随的普通人。当网红和经济发生关联，就产生了奇妙的化学反应，成为让资本着迷、让创业者疯狂、让零售行业看不明白、让传统 MBA 商学院教授尚未来得及研究的新兴行业。从消费者到企业，整个消费生态链正在悄然而快速地发生变化，网红经济这个被我们定义为 C2B 初级形态的新经济物种，正在赢得移动互联网原住民越来越多的青睐。

“网红经济”与“精神领袖”

移动互联网时代的信息传播呈现典型的去中心化，打动用户的往往不是强势的营销推广，而是来自身边朋友的推介和引导，叱咤社交网络的网红们在短视频和直播 App 的推动下正在超越微博时代的“关键意见领袖”（KOL），成为粉丝心中的“精神领袖”（Spiritual Leader），成为人们认同的某种价值观抑或生活方式的引领者。

这一经济现象开始受到商业界的广泛关注和重视，打造网红、贩卖网红的价值观和生活方式，成为新一轮电商的引爆点。也就是说，网红成为社交电商时代最为重要的流量入口和人群节点，没有之一。“网红经济”势不可当。

网红的定义

2016 年 11 月，媒体是这样描述网红的：“2016 年的双十一落下了帷幕，巨大的成交额又一次让人瞠目结舌，而其中网红店铺的疯狂吸金能力尤其令人瞩目。”根据淘宝的数据显示，淘宝平台拥有超过 1 000 家网红店铺。在“双十一”大促中，销量 TOP10 的淘宝女装店中 8 家是网红店铺。

伴随网红店铺的骄人战绩，“网红经济”的话题引爆了电商圈。网红与电商的运营、合作，能否成为电商经济的下一个风口？这成为人们思考的问题，但不管结局如何，可以说，网红已然开启了创业者和经营者的运营新思路。

网红经济大行其道，但还是有不少“吃瓜群众”并不清楚网红到底是什么。网红指的是那些通过网络途径走红的普通人，而我们更愿意将网红称为：某个细分领域的“精神领袖”，他们通过价值输出形成鲜明的人格特质，并获得粉丝的追随。他们活跃于各个社交网站，通过直播、录播（短视频）、弹幕等形式和粉丝进行频繁而热烈的互动。在粉丝积累到一定规模时，就能开启网红经济通道，开网红店、接广告、网红 IP 化、做个人品牌，实现网红商业变现。

董小飒是某直播平台的电子竞技主播，每次直播都能获得百万人次的围观。2014 年 5 月，董小飒开了一家淘宝店，短短一年时间，董小飒的淘宝店已经拥有三个金冠，利润可观。

“网红”店主张大奕拥有几百万微博粉丝。她的淘宝店“吾欢喜的衣橱”，上线不足一年就做到了皇冠级。每当店铺上新，当天的成交额在全淘宝女装类目中总是名列前茅，2015 年的营业收入突破了 1 亿元。张大奕的首次淘宝直播观看人数达 42.1 万人次，点赞破百万。在促销打折的推动下，店铺上新成交量约 2 000 万元，客单价逼近 400 元，刷新了淘宝直播的销售记录。

拥有 220 万短视频粉丝的美拍“头牌网红”罗休休，每周都要在美拍上分享自己这个“搞笑达人”的生活方式，听取粉丝们的评论和反馈，甚至会为粉丝直播素颜化妆教程！新一代网红的思维方式与坦率真诚的分享机制，正在挑战传统商业化包装教科书的每一条法则……罗休休这位刚刚毕业不到一年的“网红”，目前是淘宝网一皇冠卖家最快纪录保持者，有多快呢？23 个小时，不

网红罗休休与阿里 CEO 张勇同台直播

到一天的时间突破一万笔交易，成交额超百万元。淘宝官方规定的店铺 3 个月“试运营考核期”还没有结束，罗休休的店铺就“令人发指”地获得了四皇冠，并被淘宝授予金牌卖家。在淘宝造物节与阿里巴巴 CEO 张勇（花名：逍遥子）一起出镜直播。

在“暴走的萝莉”这个奇怪名字的背后，是一位有着傲人身材的健身达人。她叫陈暖央，在微博的粉丝近百万。陈暖央和粉丝的情感连结建立在都市女生健身的积极生活方式上，这使得粉丝黏度与转化率都很高。陈暖央的双金冠网红店目前被 101.8 万粉丝所收藏，客单价为 180 元，远高于同类非网红店。

“网红”店铺的吸金能力如此之强，越来越多的电商开始与网红签约、合作，“网红”成为了电商运营的新式武器。

其实，很多社交圈子都存在“关键意见领袖”，他们是圈子中的灵魂人物。当人们愿意追随他们的时候，“关键意见领袖”中的佼佼者甚至会演化成做价值输出的“精神领袖”。而“网红”就是这样一批“精神领袖”，他们通过分享自己某种可以获得广泛认同的价值观抑或是令人羡慕、向往的生活方式，击中无数粉丝的心，引发粉丝的效仿，甚至不惜通过付费行为来表达对“网红”的热爱。“网红”通过自己的人格力量在线上获得粉丝们爱的供养，不论是虚拟道具赠送还是实物商品购买，都是粉丝表达自己内心“爱”与忠诚的方式。

淘宝网红赵大喜的丈夫是一名摄影师，他经常为赵大喜拍各种美图，吃的什么，玩的什么，穿的什么，都拍给粉丝看。赵大喜的丈夫坦言：“粉丝会养成一个习惯，每天要刷我们的微博，他们喜欢我们的生活态度，喜欢我们生活中一些非常琐碎的事情。”

同样是卖服装，淘宝网红陈小颖的店铺与众不同，她用风景、诗歌来包装她的衣服，打造一份独特而动人的情怀。店里的所有新品照片都是她在旅行中拍摄的，埃菲尔铁塔、西班牙海景、葡萄牙老教堂，再为自己的照片配上一些诗歌。美景、美人与诗歌组合在一起，为粉丝们打造一段静谧安闲的时光。

无独有偶，网红赵若虹经营的“73hours”高跟鞋也主打“情怀”。她的一条微博是这样的：“我喜欢好看的鞋盒，因为我希望我们的鞋盒里，能装下姑娘们的来时路。”配图是一款放置在一个铺满粉红色花瓣的圆形礼盒里的高跟鞋，搭配水晶项链与玻璃高脚杯，还有上海老洋房的树荫阳台……这种情怀打动了她的粉丝，不少粉丝毫不犹豫地买买买。

这类网红贩卖的是“情怀”、“人格特质”和“价值观”。对于粉丝而言，商品不再是冷冰冰的，而是有温度的，甚至是动人的。新浪 CEO 曹国伟曾经这样评价网红经济：“很多网络红人依托互联网平台运作粉丝，一方面开展营销，一方面以‘按需生产’理念对接企业。去年一年（2015 年），这一模式创造了 50 亿元的交易量。”

网红经济“小荷才露尖尖角”，很多传统电商运营公司就敏锐地察觉到了其中的商机，它们除了与已经成名的网红合作之外，还开始主动打造网红。在某种程度上，网红的诞生很像娱乐公司的造星模式，流水线般复制、定做、输出。

传统商业时代的消费流量入口是一线商圈的门店，互联网电商时代的流量入口是淘宝、天猫的搜索，而在即将到来的内容电商时代，网红极有可能改变“流量为王”的局面，打造以“人”为中心的全新商业结构。未来的淘宝，很可能是一个网红荟萃的“人群电商部落集合体”。

网红代际差异与划分

在当下人皆谈网红、言必称直播的趋势下，笔者有必要以时间发展顺序和内容生产者创作载体两个主线对网红进行逻辑梳理。

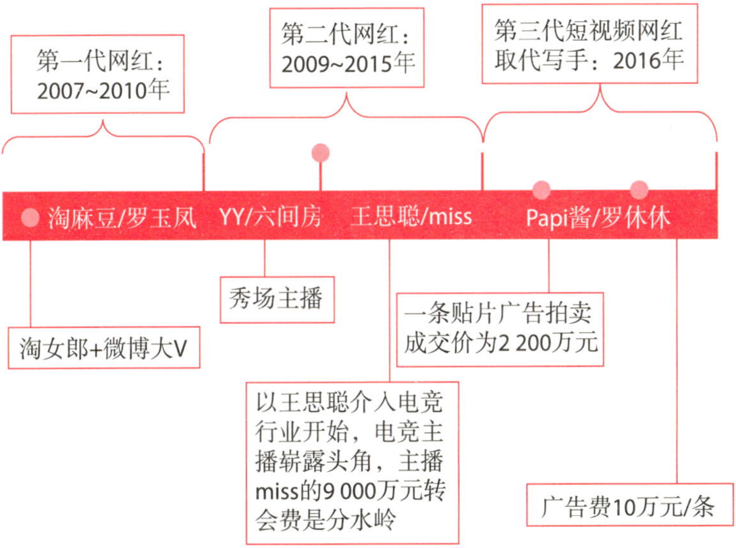

图 1–1 网红代际差异与划分

通过图 1-1，我们可以清楚地发现，随着时间推移，内容生产者的创作载体也在发生变化：从 2006 年底微博兴起的 140 字短文，到淘宝淘麻豆的卖家图片秀，再到视频时代的录播 8 秒短视频，最后到 2016 年直播兴起，进入一个买卖双方即时互动的时代。同等时间单位内，视频的接受度和内容量占据明显优势，且随着新用户的跟随，网红在内容创作载体上的选择倾向性更加明显。

回顾零售终端的进化史，传统商业时代的流量入口是一线商圈的门店，互联网电商时代的流量入口是阿里巴巴、京东等 B2C 电商的搜索， 而网红经济时代， 网红正在成为最为重要的流量与转化入口。一旦传统实体经济意识到这是一个对线上传统电商“弯道超车” 的机会， 移动互联网时代的“网红经济” 模式将全面开启！

C2B：网红经济背后的商业逻辑

得粉丝者得天下， “网红经济” 可以看作是“粉丝经济” 的升级版。

移动互联网时代最大的特点是：信息量、信息传播速度、带宽等技术水准都呈现出几何级数的增长， 每个人与信息相连， 同时也是信息的一部分。例如我们通过手机获取新闻资讯， 又通过微博或朋友圈进行分享和评论， 我们同时也成为信息的一部分。

这种特征让人类社会的各种关系和结构发生了深刻改变。过去的商业时代，人和信息是二元化的，渠道是信息的载体，经商者讲究渠道为王，掌控信息传播渠道是关键。如今的渠道呈现出碎片化、内容化态势， 越来越难以掌控。谁都无法垄断渠道， 只能努力吸引更多人成为自己的粉丝。粉丝不仅是用户， 还是渠道， 会潜移默化地影响其他人， 他的电话好友、QQ 好友、微博粉丝、微信好友会从他那里获取信息和推荐。

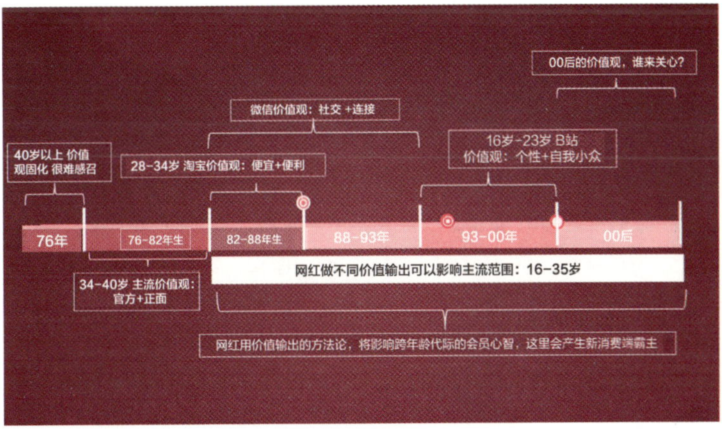

图 1-2　网红价值输出方法论

网红吸引的是那些与自己志趣相投的同道中人，粉丝们一旦认可了网红本人所代表的某种生活方式或价值观，作为这种价值观载体的商品，就会被粉丝高度认可，自发地和朋友分享、传播，触发购买行为（见图 1-2）。这就是网红经济产生并且迅速发展的根本原因。

美拍“头牌网红”罗休休从小热爱表演，但是一直没有机会登上大舞台。在微视上，她终于找到了发挥个人才艺的平台。她的那些爆笑段子吸引了大量粉丝，如今仅美拍平台上粉丝就超过了 230 万。

2014 年 12 月 21 日，CCTV-6 的大型青春励志真人秀节目《来吧！灰姑娘》首播，7 位 90 后女生各展才艺。其中罗休休的那一段“刷我滴卡”的爆笑演绎，让导师黄晓明都大呼“醉了”，现场观众纷纷对罗休休“路转粉”。罗休休的口号是：“我是二休，带领你们践踏各种负能量。”事实也是如此，只要罗休休一出场，就会让围观的人笑得前仰后合，把负面情绪一扫而光。

就像人们常说的“明明可以做女神，偏偏去做女神经”，罗休休这个漂亮的 90 后姑娘在“女神经”之路上越走越远，越走越红。罗休休作为当之无愧的短视频“网红”，她的人格化“价值”输出异常明确：“逗比的邻家姐姐”。这吸引了各路经纪人的目光，专业网红供应链匹配机构“网红猫”就与罗休休独家签约合作，共同打造“C2B+网红经济”模式。像罗休休这样的网红，将对 90 后美妆人群产生巨大的影响。

C2B 是由用户驱动的一种新型商业模式，指的是用户（C 端）根据自身需求提出定制产品的要求，或者主动参与到产品设计、生产、定价等环节中，而企业（B 端）则按照用户的需求设计、生产、配送。

网红会为商品打上个性化的标签，诸如品味、潮流、文艺等。带着某种网红标签的商品往往会体现出“原创”、“定制”的特点，这种用商品的独特性来满足用户的个性化需求与价值观认同，正是C2B经济模式的核心。

移动互联网时代的商业经济体现出体验经济和情感营销等特征，专注于用户需求和用户体验的小而美的企业具有强大的生命力。传统商业的规模化生产注定与个性化需求背道而驰，用户在毫无“温度”可言的状态下无法获得良好的体验，企业片面追求工业化规模扩张就会失去商品的个性、降低用户的体验、稀释粉丝的情感，最终会透支品牌力。

固定互联网时代，是少数电商巨头长袖善舞的时代。在移动互联网时代，无社交不电商，网红经济模式全面开启，为更多企业的零售端变革探索出了一条新的道路。

知名度红利新词汇：网红力

作为职业，网红和其他很多职业一样，也在不断自我进化。

一开始他们或许只是一位时尚达人，一名知名博主，一个网络节目主持人；他们或有超高的颜值，或有独特的个性和专业水准的能力，而网络就像折射水滴的太阳，将他们的人格力量放大，一举成为天下闻名的网红。“人脚会带来肥水”，粉丝多了就可以转化为经济效益，这种网红的知名度红利，我们称为“网红力”，这种称谓更符合“93后”群体的口味。

然而，通过“网红力”实现商业价值并非易事，做价值输出，首先需要持之以恒地与粉丝交流互动，获得粉丝在精神层面的认同；其次，任何经济行为的产生都离不开实体产品的有力支撑，一个网红卖家不可或缺的是能通过相应的供应链系统实现 C2B 个性化定制，生产出真正契合粉丝需求的产品。

网红力变现的关键：即时互动与定制参与带来了满足感

随着社交网络的普及，意见领袖概念流行开来，一波基于网红店主的淘宝店铺持续走红。这些店铺不参加平台活动，不参加传统的流量营销，他们专注于自身粉丝的增长，通过黏性极强的粉丝用户为他们带来可观的收益。这种经营方式，我们姑且称之为“网红电商模式”。网红电商模式的两个关键词就是互动与定制。

在网红电商模式中，网红和用户之间不再存在商品和消费者之间的距离感，而是建立起一种用户需求与解决方式之间的双向即时互动关系。就目前观察，直播是最有效的一种方式。网红通过直播与粉丝互动，以吸引更多粉丝并培养“铁粉”，最终形成商业转化。

网红管阿姨有着尖尖的下巴和秀气的脸庞，是一幅标准的网络红人脸。在虚拟的网络世界里，她拥有 91 万的微博粉丝，9 万 Instagram 粉丝。同时，她是两家皇冠淘宝店铺的店主，分别经营女性情趣内衣和定制女装。

管阿姨每天最重要的工作就是和粉丝交流互动。她每天晚上结束店铺的工作之后，会用 2 个小时在微博、微信等社交网络发布漂亮的图片、好玩的段子，还要回复粉丝的留言。管阿姨给自己定了一个规矩，每天至少要保证更新 9 张以上的原创图片、3 条以上的原创微博。

粉丝是需要持续经营的，只有不断地生产内容，才能维持粉丝的新鲜感，让他们持续地关注。此外，粉丝还需要情感体验，只有不断地交流互动，这份情感才能持续升温。

管阿姨现在的工作室是一个 10 人小团队，各有分工，但是关键性的工作如模特、后期修图、选款、与工厂的沟通等，均由管阿姨亲力亲为。手机将管阿姨的生活一分为二：拿起手机，她就是那个在粉丝眼中的品味女王；放下手机，她会悄悄地待在暗房里洗胶片，一弄就是一天。

网红店铺的另一个关键是 C2B 定制，现今大部分商品是在既有款式的基础上根据用户反馈和需求做一些改进和优化。网红店铺实行的是定制，这样做一方面有利于把握品质和成本，另一方面在选款和定价上能够更加契合粉丝需求，给粉丝以“提出需求即被采纳”的满足感。相比那些以设计师设计为主导的品牌服饰，网红店铺丝毫不用担心设计无法落地的问题。

一般来说，网红店铺最初也是从市场进货，在有了足够的粉丝基础并形成自己的特色后，才开始定制生产。反过来，这种定制又强化了网红店铺的特色，吸引了更多忠实而优质的粉丝，正循环由此开启。

管阿姨最初的工作是淘宝摄影助理，她接触了各种各样的淘宝从业者，淘女郎、淘宝店主、淘宝专职摄影师，等等。在 2014 年淘宝开店之前管阿姨就已经积累了数十万的粉丝，在淘宝长期的工作经验使她非常清楚淘宝用户的喜好、特征和消费能力。这些经验对于管阿姨的经营来说弥足珍贵，她总是能够选出那些最受粉丝欢迎的款式。

每年一到夏季，管阿姨就开始筹备冬款。从搜索、选择、与用户的交流互动，到重新设计、确定面料、形成样衣，然后拍摄修图，最后上架，整个过程下来足足需要 3 个月时间。她的女装店平均每 2 个月要上新 3 次，每次衣服上新数量大约是 10 套，每一套衣服都保证有 3 种以上的搭配方式。为了确保衣服的款式都是粉丝所钟爱的，她每个月都会去一个不同的国家旅行，借鉴他们的服饰风格，比如日本、泰国、韩国等。

窥一斑可见全豹，管阿姨的经历正是无数网红卖家的日常生活、经营方式。

网红是粉丝梦想生活方式的具象化展示，网红商品被赋予了更多的个性化标签。一方面，网红利用微博、Instagram、微信美拍、映客、花椒等社交网络吸引粉丝，与粉丝交流互动；另一方面，他们采用小型 C2B 定制的生产方式来打造深度满足粉丝需求的商品。互动的参与感和定制化的满足感，是网红电商模式的两大法宝。依靠这两大法宝，网红店铺越来越火，并且大有燎原整个零售行业之势。

网红力获得法则：用人格力量吸引粉丝

网络红人层出不穷，张大奕、钱夫人、罗休休、叮当先生、香喷喷的小烤鸡、管阿姨……她们每天通过社交网络晒自己的日常生活，告诉人们如何成为美妆达人，如何穿搭，如何实现自己的梦想。顺着视频、图片、文字中的链接，粉丝可以进入她们的淘宝店铺轻松下单。用户在不知不觉中，完成了从社交到购物的场景转换。

网红一边秀美颜、玩自拍，一边赚着钞票，真可谓名利双收。想想我们朋友圈里那些做微商的人，每天不也是做着类似的事吗？但基本上都没有赚到钱，反而成为朋友圈里最不受欢迎的人。

如何让你的内容与赚钱宗旨毫无“违和感”地呈现出来，如何让特定人群关注并认同你的观点，做价值输出才是关键。这是一门心理暗示学，需要一种持之以恒的专注，形成独一无二的人格特质。

一个成功的网红必须获得粉丝的高度认可与追随，那么如何实现呢？

1. 在自己额头贴上明确的人格特质标签

个性鲜明是所有网红的共性。这个时代，个性比颜值更重要，美女帅哥到处有，个性鲜明的人特别少。以最近火得一塌糊涂的 papi 酱来说，比她长得漂亮的人多得是，但没有人在“吐嘈”上超越她。

papi 酱毕业于中央戏剧学院，有专业的表演功底，在短视频中将毒舌、恶搞与美女、智慧集于一身。这个形象在生活中很少见到，属于典型的“吐槽女精分”，因而一经播出就爆炸性传播。

还有一位如妖孽般存在的艾克里里，其微博粉丝近 500 万。他本来是一名摄影师，却走上了“蛇精病”人格特质的道路，成为一位自毁自黑的段子手。他甚至会头戴 BoBo 假发化身“小公举”教大家化妆。

在资讯过剩、信息爆炸的年代，只有让自己个性鲜明才能获得更多关注。

2. 深耕内容，做价值观输出

不要以为网红就是把自己打扮得美美的，摆拍各种美照和视频然后上传就可以了，文字功底和互动能力也是网红的基本素质。

确保输出内容的高价值，同时保证与粉丝互动的高质量，是网红成功的重要因素。我们前面提到的“网红”罗休休，无论多忙，每到晚上都会在视频网站上传一些 UGC（用户原创内容）。“已有的粉丝还需要继续经营，”罗休休说，“只有长期坚持亲力亲为，才能保持互动的趣味性，保证粉丝足够的‘忠诚与爱’。”

3. 深度决定温度

网红天然的亲切感与明星代言的距离感截然不同，网红要做的是将自身的人格化与品牌调性匹配起来。如果没有深度匹配，就体现不出网红与明星代言在商业价值上的区别。大家之所以喜欢网红，正是因为与明星相比，网红的人格特质更真实。

SKG 董事长刘杰说："大家可能都知道，SKG 不做广告，也不会花钱做品牌冠名或者产品植入。或许那样做会让我们卖出更多的产品，像神仙般赋予商品天生的'网红力'，但是我不想误导人们去购买产品。"

那么 SKG 是怎样做品牌的呢？那就是采用用户代言的方式，打造用户"网红"。每天发布在 SKG 官方微博上的代言人海报都在更新，这些代言人来自各行各业，但都是 SKG 的用户，他们的现身说法很容易获得自己所处族群、行业的认同。此举让 SKG 品牌的深度与温度兼具。

社群在哪里，用户就在哪里；用户在哪里，营销就在哪里。SKG 的大社群思路孕育出自己的"网红"，就像小米玩转粉丝经济一样，互联网商业品牌 SKG 玩转了网红经济。

社交网红不是大牌明星，他们身上没有耀眼光环，他们不是高高在上的王子公主，他们和粉丝的地位是平等的，如同你的朋友一样推心置腹，如同邻家女孩一般有亲切感，他们极大地激发了用户的好感，自发自觉地追随他们，信任他们。

例如每天陪伴你起床的罗辑思维，每次出门前教你化妆“撩汉”的罗休休，每晚陪你健身的陈暖央，唱歌给你听的 SKM 破破……他们才华横溢、个性凌厉，在自己擅长的领域与粉丝分享、交流，触动着粉丝的心灵还有口袋。

网红之所以表现出强大而直接的变现能力，就是因为他们通过价值输出影响粉丝的心智，有足够的推动力将粉丝的注意力转化为购买力。

2016 年 5 月 23 日，第一财经商业数据中心发布了《2016 中国电商红人大数据报告》。报告显示：整个网红经济产业产值超过 580 亿元。2015 年全国电影总票房才 440 亿元，而这仅仅是网红经济第一年。

供应链的救世主：新品预览 / 即时反馈 / 零库存

网红经济模式中，最重要的场景是社交。在社交平台上，“新品预览”是非常重要的一个功能。通常，网红店铺的定制新品并非 100%原创设计，在准备期内只是初具模型的样品，网红卖家会将新款样品发布在微博、微信、美拍、映客、花椒等社交平台上，根据粉丝的反馈来决定最终的产品款式和数量，这个过程就是“新品预览”，是网红卖家实现 C2B 定制的关键一环。

1. 通过粉丝支持数量来确定最终款式

网红新品最重要的是能够准确击中粉丝心理，因此要求商品风格突出、定位准确。

以服装为例，网红卖家通常会参考国际大牌流行时装，从国内外的品牌专卖店、设计师店、买手店中寻找适合自己粉丝定位和网红个人风格的款式，并通过后期改色、换面料等方式改造成为样衣，拍成美照、视频发布在各种社交网络上，通过粉丝点赞、弹幕数据分析等方式判断支持数量的多寡。当支持数量达到一定规模就可以通过预售、众筹方式投产了。

2. 依据粉丝们的留言、评论，实时修改、完善细节，快速上新

俗话说“做事不由东，累死也无功”，粉丝才是网红真正的东家。要生产出高度满足粉丝需求的产品，需要与粉丝实时互动，了解他们的喜好，听取他们的意见和建议。当上传样品美图后，要格外关注用户的留言、评论，并且通过巧妙回复引导粉丝说出内心的需求。

根据互联网统计数据显示，在今天的网络社交情景下，人们对某一事物的平均聚焦时间只有 8 秒，人们总是渴望发现新的东西，下一个话题、下一条微博、下一条朋友圈……因此，新品的上架速度也是维系粉丝感情的关键。网红卖家一般都坚持每周定时上新。如果这家店铺几个月才上新一次，打开店铺永远都是熟悉的图片，那么粉丝的热情就会被消磨殆尽，慢慢地会被粉丝遗忘、遗弃。

3. 通过粉丝的反馈确定生产数量

一般的网红卖家会在上新前 3 ~ 30 天之内开放淘宝预览链接，根据粉丝的收藏量来确定向工厂加单的数量。这种以粉丝的反馈来确定产量的方法，可以很好地解决库存、生产周期等风险性大的问题。

在网红模式中，打造爆款是销售的重头戏，是网红店最常见的销售模式。爆款一方面起到“饥饿营销”的效果，引发粉丝的跟随；另一方面也出于库存压力的考虑，少而精，更有利于品牌形象的树立和塑造。

例如管阿姨店铺中的女侦探风衣、梵克雅宝四叶草项链、被称作瘦腿神器的 Stuartweitzman 过膝靴，无一不是爆款，甚至刚刚上新就被“秒光”。管阿姨认为每一款定制女装的爆款，与其性价比密切相关。也就是说，决定网红产品是否热销，质量与价格依然是重要的因素。

网红经济学
人格力量下的 C2B 商业逻辑

网红的本质是经营粉丝，以自身的人格力量吸引粉丝，逐渐树立起人格化品牌。然而打开局面的网红店能够持续热销，其决定因素还在于产品本身。网红卖家自身并不生产产品，那么他是否拥有一条柔性的供应链，能否快速反应用户需求并实行灵活的生产订制，是网红良性、持续变现的关键所在。

2015 年 12 年 16 日，在乌镇召开的世界互联网大会上，阿里巴巴 CEO 张勇曾作惊人之语："过去一年当中，我们可以看到整个新经济的力量，它的活力带来了很多新的物种，这些物种是我们在前面很多年所没有办法想象到的。一直以来，我们讨论过网络经济、粉丝经济，但是在整个 2016 年的变化当中，有一个新族群产生，就是在淘宝平台上产生的崭新一族，我们称之为网红一族。这是整个新经济力量的体现。"

不是我不明白，这世界变化快。昨天还被看作"花瓶"的网红，今天却成为推动互联网电商、文化娱乐行业的重要力量。网红经济蓬勃发展，成为拉动互联网电商增长的主要力量，没有之一。微博借此东风，市值在 2016 年 8 月 17 日突破 100 亿美元，成为国内第七家市值过百亿的互联网公司。

网红电商：电商 3.0 时代的标配

在以移动化和社交化为特征的电商 3.0 时代，网红电商因为承接了网红多年积累的知名度和影响力，商业转化发展势头不容小觑。然而网红电商本身的作用更侧重于营销，属于粉丝经济的一种，网红可以带来流量，可以帮助电商打造品牌，可以提升用户体验，但是网红电商要想获得长久发展，仍需在品牌 IP 和供应链上下功夫，不能仅仅依赖于网红的知名度红利。

网红变现进化史

江山代有才人出，各领风骚三五年。梳理网红 20 年进化史，我们会发现网红的发展有一个明显的分期，随着每个时代媒体的不同，网红也体现出不同的形态。

1. 一次元时代，以网络写手为主要代表

网红一次元时代大约是从 1996 年 BBS 在国内开始流行到 2004 年博客出现这几年，很多人以文字形式在各类 BBS 和文学网站上发帖，阐述自我，赢得了众多粉丝的拥戴。这个时期的代表人物有老榕、安妮宝贝、今何在、唐家三少、天下霸唱、南派三叔等，他们有很深厚的

文字功底，有一个共同的名字——网络写手。

1997 年，中国国足在冲击世界杯时被伊朗打败，资深球迷老榕饱含激情写下了《大连金州不相信眼泪》，这篇发在四通利方（新浪网前身）上的帖子在 48 小时内收获数万点击量，无意中开启了初始期的网络红人模式。此后，天涯论坛、猫扑论坛等都先后成为孕育网红的沃土。

随着网络文学的崛起，许多 BBS 写手开始转战专业文学社区，起点中文网和榕树下等文学网站捧红了很多人。2000 年前后的安妮宝贝、宁财神、今何在，2004 年以后的唐家三少、天下霸唱、南派三叔等人都是这一时期的网红代表，网络文学的蓬勃推动了第一代网红的成长。

从 BBS 到网络文学社区，第一代网红走向了内容创业的商业化过程。

2. 网红二次元时代，以草根红人为主要代表

从 2003 年开始，出现了一种新的自媒体载体——博客，“有图有真相”，博主以“图片 + 文字”的形式发博文，博客让很多草根一夜之间成为名人。

2003 年博客在中国开始流行，网络红人也随之进入“二次元时代”。

2004 年，芙蓉姐姐凭借其夸张的动作和超乎寻常的自信，在网民们的叫好与嘘声中成为大众热议的焦点。之后，各式具有鲜明人格特质的草根红人开始密集出现。

此时，网红背后开始出现推手团队，当时的推手还是小团队作战，后来随着网红市场的高速发展，进入了批量制造阶段，网络“水军”开始出现。在他们的推波助澜之下，以芙蓉姐姐、天仙妹妹、西单女孩、奶茶妹妹、凤姐为代表的一系列草根名人后浪推前浪。

3. 网红三次元时代，以段子手、电商主播、知名 ID 为主要代表

当移动互联网时代到来，微博大行其道，“短文字 + 图片”的组合形式催生了新的网红群体——段子手。段子手的创作范围包括时尚、音乐、八卦、趣闻、萌宠、吐槽、星座等众多领域，天才小熊猫、谷大白话、留几手、回忆专用小马甲等人都是微博平台上诞生的著名段子手。

随后，2011 年微信的诞生为段子手们提供了又一个全新的舞台。从 2014 年开始，4G 的顺畅网速催生了视频网红、网络主播和短视频博客走进了大众视野。新一代的人气网红登场，其中有网络主播 Miss、若风、小智等，短视频主播 papi 酱、罗休休、艾克里里等。除了以 PC 端为平台的 YY 语音、六间房、9158、酷狗等秀场，依靠移动端平台的网络主播类软件也在大力开疆拓土，大量社会资源涌入了这个行业。

2015 年出现了映客、花椒等短视频移动应用，游戏直播平台继续扩张，包括虎牙直播、战旗、龙珠 TV、斗鱼 TV、熊猫 TV 在内的平台捧红了一批游戏主播。除了比拼才艺和游戏经验，基于时间分享的在线直播还发展出了其他类型。2016 年 3 月，“天价教师”王羽凭借 20 多万的超高月收入而轰动网络，在线辅导教师也成为新晋的网络红人。

在网红一次元时代，网红主要依靠传统内容输出来变现，例如出书、做编剧、做媒体编辑等。以南派三叔为例，他先后出版了《盗墓笔记》《大漠苍狼》《怒江之战》等系列作品，连续四届入选中国作家富豪榜，他的《盗墓笔记》被拍成了电影，还开发了相关的游戏。

在网红二次元时代，网红主要依靠名气寻求其他变现渠道，如做主持人、代言人，参加商业活动等。2005 年走红网络的天仙妹妹，凭借超高的网络人气获得多家广告代言，并于 2006 年进军演艺圈，获得了金鸡百花奖、华表奖等众多奖项，成功由网络红人转型为职业演员。而自信爆棚的芙蓉姐姐，参加各种商业活动的出场费在 15 万元以上。

到了网红三次元时代，网红产业链不断完善，网红告别了单打独斗，呈现出多种模式共同发展的情形。网红变现的途径更加多样化：可以拉投资做产品，如 papi 酱；可以向粉丝卖东西，如网红电商；还可以接广告，如胡辛束。他们或引进风投当老板，或签约公司做代言……罗休休联合淘宝网达人淘频道上线了“二休小铺”，开店当天其浏览量就达到几十万。还没有上架任何商品，店铺收藏量居然超过 20 万。现在的“二休小铺”已经形成了完整的网红产业链，合作商家有益海嘉里、中粮、韩国五大化妆品公司等。可以快速反应粉丝需求，具有研究粉丝消费的数据、可实现 C2B 的能力，罗休休的商业模式可以总结为“社交 + 电商 + 产品供应链”模式。

无论你是属于哪个时代的意见领袖，能成为意见领袖的根本原因在于你的价值输出吸引了公众注意力。然而在不同的时代，表达方式却有所区别，“大 V”更想表达的是自己的与众不同，希望大家认同、接受其观点和思想；而网红做的是愉悦大众，通过与粉丝沟通、互动，获得价值观上的认同。这是网红成为网红经济耀眼明珠的原因所在。

电商潮头上的网红电商

电商领域出现过各种各样的分类和打法，从平台电商到垂直电商再到网红电商，从“大而全”到“小而美”，从以商品为中心到以用户为中心，然而万变不离其宗，能够盈利的电商才有存在的意义和发展的价值。

传统电商的商业逻辑一般是先烧钱圈用户，再考虑如何赚钱。网红的出现让电商有了新的打法。淘宝的网红店铺总数超过 1 000 家，网红店铺的成交能力是传统淘宝店铺的 5~15 倍，它们为数千个原创品牌打开了市场。

网红店铺大热，催生了网红电商，淘宝网专门为此召开了网红经济研讨会。淘宝网副总裁张勤认为："传统的淘品牌更擅长做流量的运营，他们是依照 PC 互联网成长起来的；自品牌擅长的是运营用户、粉丝，他们提供的是个性化的商品。"可谓一语道出了网红电商的真谛。

随着移动互联网的普及和发展，中国电子商务已经进入 3.0 时代。电商 3.0 时代以社交化、视频化和移动化为主要特征，不再像传统电商时代那样，以低廉的价格、丰富的商品来吸引用户，而是更注重用户的个性化购物需求和用户体验。网红电商以一种"小而美"的形式，聚集着更能彰显店铺调性、符合用户个性的品牌和商品，服务于某一种特定价值观的用户群体，并且以互动社交的方式维护自己的用户群。而"网红"本来就是一群自带流量、有强大精神输出的人，他们可以影响并且引领用户的消费行为、消费趋势。他们通过与用户的频繁社交活动建立起更强的用户黏性，与用户形成水乳交融般的深厚关系。

网红电商实质上也是一种"粉丝经济"的升级版，具备心理暗示的电商，就像移动版的电视购物一样，不过网红的粉丝流量变现更加直接。榴莲家是淘宝网著名的网红店铺。榴莲家本身属于传统淘宝店，2015 年年初与阮维希的 VCRUAN 合作才算正式转型为网红店铺。现在，生意越来越好的榴莲家频繁动作，与更多新网红的合作还在洽谈之中。

网红电商中能否出现下一个 H&M

快时尚品牌的代表 H&M 拥有 300 多名设计师，这些设计师出入全世界各大服装秀场，从中发现、挖掘、借鉴时尚潮流元素传给 H&M 的生产端，然后小批量快速生产试探市场反应。总部根据市场反应再做设计、生产方面的调整。H&M 平均每周上新两次，新款服饰从“设计—销售—用户手中”的周期只有 15 天甚至更短。

网红电商和H&M的相似之处有紧追时尚潮流、小批量快速反应两方面。由此，我们不仅联想到网红电商是否也能创造出像 H&M 一样的服装品牌呢?

网红服装电商的网红们一般是模特、淘女郎、时尚圈人士，对时尚和流行非常敏感、有独到的穿衣搭配心得。因此在推出新产品时，网红根据流行款式结合用户的需求进行改款，然后小批量备货，通过预售、翻单等形式完成销售。他们的供应链快速反应能力同样很高，从“设计—

出货”的周期一般也控制在 10 天左右。

天下武功，唯快不破。好莱坞女星的潮搭，2 周之后就会出现在 H&M 的门店里。对于 H&M 和网红服装电商来说，“快”才能紧随潮流，才能抓住用户。因此，网红服装电商也相当于“快时尚”的模式。

目前，韩都衣舍走的也是这个套路，但是与 H&M 类快时尚品牌相比，仍然存在一定的差距。

1. 网红本身的局限性

所谓“成也萧何，败也萧何”，网红是网红电商的中心，粉丝是利润的来源，是沟通引流的渠道，是试探市场需求的工具。网红可以是模特、服装设计师、时尚媒体人，但是大多数网红并不是专业设计师，他们的品位决定了输出内容的品质。此外，优质网红数量很少，生命周期也很有限。无论商业化流水线打造出多少网红，能真正抓住粉丝注意力的终究是少数，能够做到商业效果最优的就更少了。

2. 网红电商规模化扩张要点

网红电商通常是通过网红的影响力实现爆发性销售，那么一般的扩张逻辑就是签约更多的网红，实现更大的销售。这很像保险公司的销售模式，招聘尽可能多的业务员，实现更多的业务量。但是规模化扩张是以产品为中心的，而不是以“销售员”为中心的，因为产品的成本是固定的，所以网红电商机构的产品化能力、可复制能力至关重要。

3. 网红电商不靠产品而是靠方法论

网红电商的本质不是以产品的形态在运行，而是一种方法论，这会引发一些现实问题。

当用户面对 H&M 时，是一个独立的、完整的品牌，想到的是它的产品；而面对网红品牌时，最先想到的是网红本人的人格化标签。除非网红的人格化标签可以和品牌调性相融合，否则在品牌的推广深度和广度上会是一个难题。

网红电商为陷入迷茫、困顿中的零售行业开辟了一条崭新的道路，然而要打造长青基业还有很多实际问题需要解决。如何树立品牌独有的符号和特征？如何完成从网红力到网红形象 IP 化的进化？如何尽可能地减少网红不稳定的因素？如何加强供应链管理，从产品开发、设计、工艺、生产到运营、推广，一直到客服销售，形成一个完整可快速复制的供应链？只有解决以上问题，网红电商才不会像流星一样只是瞬间璀璨。

走近网红产业链

围绕网红，形成了网红孵化器、网红经纪公司、品牌商、原料供应商、生产商等在内的完整利益链条。诸如大数据能力、供应链快速反应能力、产品性价比原则等，仍然是形成健康网红经济产业的关键，惟有解决这些问题，网红产业才能真正成为众创时代的商业未来。

解析网红产业链

在我们的印象中，那些活跃在各种社交平台上的意见领袖、行业达人、帅哥美女都是网红，而游戏、动漫、美食、宠物、时尚、教育、摄影、股票等领域都是诞生专业网红的地方。随着网红的商业价值被开发挖掘，网红电商出现了，网红孵化器、经纪公司也出现了，他们可以快速培养网红，更快地实现商业价值。

网红也像产品一样产业化。围绕着网红的打造与变现形成了一条完整的网红产业链。

1. 社交平台

社交平台是网红生长的土壤。最适宜网红生长的社交平台一般有以下几种：

（1）兴趣类社交网站。这类社交网站的用户都是在某一领域具有共同兴趣爱好，有类似的消费需求，因此网红非常容易产生，变现也相对容易。但是，一般来说针对某一垂直领域的粉丝数量都会比较小。

（2）科普类社区网站。这类社区网站诞生的网红质量比较高，输出内容品质较高，粉丝的质量也比较高，而且容易形成较强黏性。但是这类网站的缺点是，专业性、知识性氛围浓厚，相当一部分粉丝排斥商业化，变现难度较大。

（3）视频直播类网站。这类网站非常符合如今的“宅”文化、二次元文化，网红拥有大批的年轻粉丝，而且他们会为自己喜欢的东西一掷千金，不必担心变现的问题。但是这类粉丝的口味变化莫测，网红很容易昙花一现，而且这类网红随着年龄增长，也存在粉丝迁移、转型困难等问题。

综上所述，各类社交平台各有千秋，实现商业变现需要统筹规划，针对产品和服务的特点，结合网红已有粉丝群体的数据画像和数据挖掘后的用户特征，做到有的放矢，方能成功。

2. 网红经纪公司 / 网红孵化公司 / 网红商业变现服务商

网红经纪公司一直都存在，承担和影视经纪公司一样的职责，或者干脆就是传统的经纪公司。

网红孵化公司仍处于起步摸索阶段。就目前观察到的网红，往往是因为其独特的人格化魅力而野蛮生长出来的，可以套用一句话："任何的网红，都是一个突发事件。"寄希望于通过批量生产，像种植蔬菜一样孵化网红，从一个公司可承载的孵化数量上限再乘以成功概率来讲，胜算极低。

目前，网红经纪公司一般只签约现有合适网红。公司会对这些网红进行明确定位，是分享美食还是引领时尚？是生活达人还是旅行达人或者是化妆品专家？等等，在此基础上对网红商业化进行匹配设计。

即使有很多网红自创业，本身就是店主，在运营粉丝方面很有优势，但是经营管理、设计生产等诸多环节不是仅凭一己之力就可以完成的。如此便给网红商业变现服务商带来了难得的发展机遇，网红商业变现团队通过自己的实力和资源与网红合作，利用网红的影响力打造一种快速变现的商业模式，实现网红与电商的双赢。

2015 年 10 月 26 日，杭州如涵电商披露：获得数千万元 B 轮融资，本轮由君联资本领投，A 轮投资方赛富亚洲跟投。如涵电商是网红第一电商，张大奕是其旗下最著名的网红。如涵电商会帮助网红提升人气，帮他们选择合适的方向。同时，如涵电商还会寻找有潜质的新人加以培养。“我们是放大镜，把他们身上的优点找出来并进一步放大，吸引欣赏这个优点的人。”如涵电商创始人冯敏说。

据了解，在如涵电商签约的网红中，已经开店的人数近50位，另有同等数量级的未开店网红储备。相对于淘宝的普遍价位，如涵电商旗下网红店铺的客单价略高。“我们主营的是女装类，做一个对比的话，我们做的是能够进商场专柜的品质。”如涵电商冯敏介绍说，“我们旗下的店铺已经有至少五家陆续拿到过淘宝当天女装销售排行的第一名。”传统服装品牌的不良库存率约为10%～18%，如涵电商全年的不良库存率仅为2%～3%。究其原因，主要得益于网红电商模式的快速周转效率以及与服装产业链的高效整合。

与传统服装制造商合作往往需要提前半年下单、8 000 ～ 10 000件起做，网红电商肯定无法与他们合作。“现在哪怕一共做了8 000件，我们也是把单子拆成5次甚至10次下单，通过不断翻单的方式制作。”冯敏透露。

杭州达喀电子商务有限公司是叮当先生在淘宝潮流生活类目里的独家电商合作伙伴，曾成功促成叮当先生和美国迪士尼漫威在全球第一款可穿戴 1:1“钢铁侠”Mark42 的研发，并在淘宝众筹平台进行全球首发，线上线下共计获得 1 100 万元订单。此举获得了《华尔街日报》头条的报道。随后，BBC（英国广播公司）发表了题为《中国网红正在赚大钱》的专题报道。在网红经济这个新生事物诞生的第一年，这么高的关注度意味着什么？

最近的消息是，由信泽传媒集团投资的万紫千红网红联盟，尝试从人、线下、IP 这三个维度对网红进行系统孵化，打造网红产业链。

在“人”的孵化上，该联盟成立网红培训学院，招收有潜质的学员进行免费的、系统的专业培训，利用信泽传媒的广告资源、商家资源、经纪公司以及直播平台、影视公司、模特公司等合作资源，让新人迅速崭露头角。

在线下产业孵化上，该联盟打造网红小镇，为网红公司、视频直播公司以及服装、美甲、美妆、护肤品、时尚用品等相关产业公司提供免费办公场地，形成产业集群优势，实现网红的全产业链运营。此外，还成立了资本雄厚的网红基金，大力扶植有潜力的网红创业公司和个人。

在 IP 孵化上，联盟致力于培育一批有市场吸金能力的 IP，同时促进创作生产与商业化的对接，打造健康的产业生态圈。

3. 供应链生产商或平台

由于网红非常讲究时尚性和独特性，商品中必然会有相当一部分属于 C2B 定制，因此其产业链中必须有能够灵活应对下游消费者需求、做到随时生产随时发货的供应商。那些具备小批量柔性化生产能力的工厂，更适合成为网红电商的供应商。

暴走漫画以幽默诙谐略带讽刺的画风关怀草根用户的方方面面，其粉丝数量之巨大，可比肩“永远的第一网红”王思聪。2016 年 6 月，暴走漫画与卫龙辣条合作，跨界生产暴走漫画版辣条。暴走漫画的人格化标签与卫龙辣条独特的品牌调性结合得恰到好处，销售初战告捷。

围绕着网红诞生的网红经济，出现了一个完整的产业链条。但国内暂时还没有出现专门以人格化作为区分标准的网红经济平台。目前，“网红猫”正在做这方面的探索并初具雏形。

以笔者经验，像 Freedom!MCN 这样在 YouTube 上的多频道联播网，在国内出现独立网红平台只是时间问题。2015 年 1 月，Freedom!MCN 创始人兼 CEO 乔治万奴斯透露：Freedom!MCN 每月影片观看次数累计有 15 亿，且以每月增加 1 000 多万个订阅的速度，飞速成长为全球最大的多频道联播网。Freedom!MCN 值得每一个网红经济生态中的相关者密切关注。

打造网红产业链的健康生态

任何一种经济形态的出现和兴旺都有其内在规律，网红经济也不例外。网红经济大热，就是因为这种模式符合移动社交时代的商业潮流，也在一定程度上改善了电商供应端和销售端的一些问题。

1. 供应端：提升供应链效率

传统的服装产业链包括服装设计、组织生产、服装销售等环节，通常由品牌商负责时尚潮流的捕捉、产品的设计，然后组织生产，这种模式难免存在渠道库存巨大、资金周转缓慢的短板。

而网红作为专业领域的意见领袖，将符合潮流趋势且迎合自身粉丝偏好的产品推荐给用户，针对性强，往往在投产之前就可以估计出相对精确的订单数量，这样就解决了供应链的效率问题。

2016 年 6 月 20 日，淘宝直播上线 100 天，刘洲成、李菲儿、陈晓东等各路明星从上午 10 点开始直播，一直持续到晚上 11 点，与为品牌方代言的明星们不同，被安排在下午6点到晚上10点这个黄金时段直播的张大奕是以网红店主的身份为自己的店铺上新代言。下午6点开始直播，8点上新，10点结束直播。张大奕的整个直播主题围绕店铺的上新展开。

张大奕的首次淘宝直播观看人次达到41万，点赞破百万，在不做促销打折的前提下，店铺上新成交量破2 000万元，成交破8万单，客单价逼近400元，一举刷新了淘宝直播的销量记录。直播进行到一半时，张大奕来到了公司4楼的仓库，这里存放了公司近一半的面料。对于一般的工厂，定制面料的货期至少要20天起，为了节省面料采购时间，公司付出大量现金来备足所需的定制面料。这也就是在保证返单速度的前提下，也能同时保证产品品质的原因之一。在这样的面料控制下，张大奕的店铺能够以1月为周期，提前展开预售，并及时将订单反馈给公司的供应链端，这无疑是网红经济以销定产的C2B式成功逆袭。

2. 销售端：引流的新渠道与高转化的阵地

传统引流方式是在各类媒体、平台做广告，或通过网站推广引流，甚至通过线下的人力、物力来宣传引流，这种模式需要高昂的推广成本。而网红为品牌电商提供了新的选择，自带流量的网红让推广变得更简单，而且转化率非常高。例如，根据“惠氏启赋”提供的数据，明星奶爸吴尊直播 1 小时，售出了 120 万元的“惠氏启赋”婴儿奶粉，单品转化率从平日的 5% 直接飙升到惊人的 36%。

随着品牌商越来越倾向于网红，网红所依托的社交平台开始凸显其商业价值。网红的核心信息、粉丝的需求信息、交易信息等数据，牢牢地掌握在社交平台的手中。如此看来，网红盛行的社交电商平台大有取代中心电商平台之势。

3. 服务端：提出第三方服务

淘宝大学推出达人学院，进军网红电商第三方服务领域。此外，丁辰灵发起的网红商学院、徐达内的新榜、徐扬的微播易，以及网红电商推出的“网红猫”，都专注于网红产业链上的第三方服务。

总之，当今的网红早已不是个体现象，他们和电商、广告、套现、融资紧密地结合在一起，成为如火如荼的经济链条上的一环。根据艾媒咨询在 2016 年发布的《网红行业专题研究报告》，“网红经济”已初步形成上、中、下游紧密联动的专业化产业链，上游负责生产产品，中游负责推广，下游负责销售。可以说，在网红经济下，谁能够打通产业链，持续产出有新意的内容，谁就将赢得主动权。

另外有数据显示，中国社交视频行业用户增速约 30%，预计在 2017 年将覆盖超过 4 亿人。业内专家认为，未来网红经济将进入一个多样化、多局面、多产业、多维度的时代。

第2章

网红经济

实践 C2B 的有效途径

在新的“赋能”生态环境下，从消费者到企业，整个消费生态链正在悄然发生着变化，C2B 模式应运而生。从数据角度看，网红经济恰恰是实践 C2B 模式的一种有效途径。

C2B：网红思维下的老树新花

移动端不仅让购物变得更方便，还让卖方与买方的联系更为密切，卖方可以即时了解买方的诉求并给予更大的满足。因此，C2B 商业模式在直播技术以及网红的推动下获得了全新的发展动力，网红经济在电商领域内发生着令人着迷的迭代与重构。

个性化消费潮流与 C2B

提起网购，相信每一位用户都会有共同的痛点：在海量商品中很难找到一款完全合乎心意的产品。用户的痛点，倒逼电子商务企业进行自我更新和改造，而移动互联网恰好可以将大量分散的个性化需求聚集并和企业方进行有效对接，C2B 模式应运而生。

C2B 模式最显著的特征就是以用户为主导，让用户从商品的被动接受者变成主动参与者，甚至是决策者。品牌与用户的关系由单向的价值传递过渡到双向的价值协同。

互联网时代的品牌是由用户主导的口碑品牌，而不是厂商主导的广告品牌，品牌是在与用户的一次次互动体验中逐渐树立起来并传播出去的。尤其是 85、90 后的年轻消费群体，他们不但希望通过互动提升参与感，还希望成为产品研发和设计环节的决策者，希望产品能够表达自己的意愿，体现自己独一无二的个性。这种个性化消费思潮和消费行为的变迁，正成燎原之势。

2013 年“双十一”，天猫和淘宝的全天交易额达到 350 亿元；2014 年“双十一”，这一数字刷新为 571 亿元，2015 年的“双十一”，成交额高达 912.17 亿元。阿里巴巴集团 CEO 张勇曾这样说：“今年（2015 年）双十一绝大多数网上商品都是基于大数据和个性化来推荐的，我们个性化推荐不仅做人群的定向，同时还做整个消费群体的划分，包括时间、包括地点，可以进行各种维度的个性化，事实证明这种个性化带来了极佳的消费体验和销售额上升。”

2015 年 3 月 15 日，阿里巴巴创始人马云在汉诺威 IT 博览会上说：“未来的世界，我们将不再由石油驱动，而是由数据驱动；生意将是 C2B 而不是 B2C，用户改变企业，而不是企业向用户出售——因为我们将有大量的数据；制造商必须定制个性化，否则他们将非常困难。”

C2B 定制，为你而生

随着消费者需求越来越多样化，商家主导产品的模式显然已经跟不上时代的步伐。C2B 模式的出现，让电商平台跃跃欲试。阿里巴巴总战略官曾鸣曾经说过：B2C 只是电子商务模式的一个过渡，未来电子商务真正模式在于 C2B，能否把握这一趋势，将决定谁是未来的商界领袖。

1 号店创始人、董事长于刚也认为：在 C2B 模式中，商家在做产品之前已经了解到了顾客的需求，从而可以根据顾客的具体需求去规模采购或生产，按需定制，这样既降低了库存又缩减了成本，所以 C2B 模式充满了潜力。

除了电商企业之外，很多实体制造企业也纷纷试水 C2B 模式：在前端，企业将产品以相对标准化的模块形式提供给消费者进行组合，或者将消费者纳入到产品的设计、生产过程中；在企业内部，提升管理和组织水平，充分对接消费者的个性化需求；在后端，企业积极调整供应链，提高柔性化生产和服务能力。C2B 模式俨然已经成为 DT（数据处理技术）时代的标准商业模式。

2011 年，大众汽车推出了“大众自造”活动，向用户收集关于汽车的创意并应用到生产汽车的过程中。这个当时不被人看好的活动居然吸引了 39.6 万用户参与其中，整个活动共征集了 21 个创意，其中有些创意已经得到了实际运用。看来，制造与销售用户定制的车型也将会流行起来。

与汽车行业相比，C2B 模式在手机行业得到了更多青睐。不少手机品牌只有一款热销机型，这增加了人们“撞机”的尴尬。而与汽车相比，手机的消费成本要低得多，因此更换得更频繁。尤其是 80、90 与即将登场的 00 后消费群体，他们换手机如同换衣服，可以仅仅为了一个外观或某个自己喜欢的功能，就淘汰正在使用的手机，购买心仪的手机。

像汽车制造、手机生产这样的传统企业习惯于找明星或者名人代言，为此需要付出高昂的营销成本。而令厂商头疼的是，如今年轻一代消费者对名人基本无感，传统渠道的广告、推广对他们来说没有影响力。相对来说，厂商与接地气的网红合作，不但能节约成本，还更容易获得消费者的认同。

如今，C2B 正成为“93 后”的消费标配，改变着传统的供需关系，而通过网红经济思维加冕的 C2B 是这个时代最富有吸引力的商业模式。

社交网络的进化：C 端需求即时、有效、可搜集

做好 C2B 最难的是即时、有效地搜集更多的用户需求信息，网红的出现恰好连结起了 C 端和 B 端，能够及时准确地将大量的 C 端需求反馈给 B 端企业，作为企业经营决策的依据。这个过程简单而又经济。

C 端需求即时、有效、可搜集

在以用户为主导的 C2B 模式中，能否即时、有效地搜集 C 端需求并迅速反馈到 B 端，是考验企业运营能力的一个标准，也是 C2B 模式能否顺利实施的关键。只有 C 端需求信息被有效收集、分析和反馈，才能为 B 端开发设计、生产产品和营销等一系列经营运作活动提供依据。

“网红猫”起初的经营模式与逆向团购非常相似，其核心宗旨是通过用户决定商品价格的方式培养用户主动发布自我需求的习惯。在商品交易过程中，首先由用户给出商品价格，商家再决定是否以此价格卖给用户，“网红猫”则负责用户与商家之间的协调。

2015 年 4 月“网红猫”在京东股权众筹的上百个项目中脱颖而出，成为被刘强东现场推荐的京东股权众筹项目。“网红猫”估值 1 亿元，融资 1 000 万元，成为当时移动电商领域极具价值的项目。这种与微信公众号的合作方式对于平台方和渠道方来说，都是一种有益的尝试和探索。

2015 年年底，“网红猫”进军网红经济，旗下签约网红在淘宝全网级别的大促活动中，力压韩国一线明星艺人，成交数据相当抢眼，拿下过一天一皇冠的成交记录。

网红猫的“用户出价模式”是连接 C 端与 B 端的一个巧妙方法。C 端用户可以通过自己出价的方式买到想买的商品，B 端厂商可以借此为新产品进行精准定位和最优定价。

在搜集消费者消费需求时，除了利用社交网络平台或者工具，商家还可以自建平台直接征集，为未来的产品生产提供数据，但后者是一条看似完美实则艰辛的道路，纵观国际一线品牌，自建平台搜集需求并积极满足的成功案例几乎没有。此外，商家还可以通过购买服务的方式，由专业的网络服务平台为自己搜集 C 端信息。猪八戒这类共享经济网站，未来将会成为 C2B 模式中耀眼的明珠。

“信仰型社交行为”与 C2B

传统电商模式是依靠流量促进销量，C2B 模式让购买变成了一种“信仰型社交行为”。消费者的消费决策，受精神领袖（网红）的影响要大于广告，人们更愿意相信身边草根红人的评价和推荐。因此，以网红经济为基础的价值观输出型电商是未来一个很重要的发展方向。

随着互联网移动终端的迅猛发展，社交网络与移动互联网的结合有了更多方式。微信、微博、微视频网站，各种各样的 App 社交工具纷纷涌现。社交网络的进化在方便人们生活的同时，对网红型 C2B 电子商务的发展也提供了重要支持，比如网红的诞生、数据的采集等。

电商纷纷与社交网络结合，例如阿里巴巴大力推广它的社交产品“来往”，京东接入微信和 QQ 端口，都是为了布局移动端的社交。2013 年 4 月 30 日，阿里巴巴以 5.86 亿美元入股新浪微博，收购新浪微博 18% 的股份。促使阿里巴巴高价收购新浪微博的因素有很多，这里我们仅从社交网络与 C2B 之间的关系上为大家解读一二。

C2B 模式在发展过程中需要解决的头号问题是如何将 C 端的需求聚集起来，成为定制化生产的依据。而对于阿里巴巴来说，要聚集大批量 C 端需求是有难度的，无论是淘宝还是天猫，都只是把不同的用户需求引向不同的通路，缺乏社交基因。收购新浪微博可以有效加强对 C 端的影响力和控制力，从而给未来的 C2B 探索增加一些筹码，可谓补充了阿里巴巴在“人”方面的数据化进程，弥补了此前只有“物”的缺憾。

新浪微博曾经推出过一款微博数据获取采集器，运用该采集器可以获取与用户紧密相连的个人数据，挖掘出用户的生活背景，包括其真实的生活环境、兴趣爱好等数据。通过对这些数据进行分析，可以快速而又准确地了解用户的兴趣点和需求点。

阿里巴巴与新浪微博联姻自然还有其他战略目的，但其中肯定有一点就是借势新浪微博这一社交平台与消费者建立连结，及时得到消费者反馈的想法、需求，并把这些需求反馈给企业，为企业提供产品生产的依据，完成从 C 端需求到 B 端生产的全过程。

对于 C2B 电商模式来说，搜集 C 端的需求并反馈给企业是至关重要的一个环节。而社交网络的进化，让汇集 C 端需求这一难题变得简单，这就为 C2B 模式的发展起到了极大的推动作用。

从大众社交软件到 C2B 企业自建社交平台，C 端需求有了更宽的发布渠道，而且即时、有效、可搜集，“信仰型社交行为”下的网红经济，目前正在成为 C2B 众多模式中的主力军。

受益于大数据的电商模式

通过大数据分析，不仅可以让商家了解到用户最真实的需求以实现 C2B 定制、C2B 营销等经营行为，还可以有效地帮助商家降低库存、提升销量，从而实现个性化需求和规模化供给之间的平衡。

基于大数据下的 C2B 模式

戴尔曾通过直销网站和报纸广告，尝试并实现了用户先定制后生产。但这种传统的定制更多的是一种 B 端按订单数量生产的策略，不是真正的 C2B 个性化定制。C2B 需要给用户更多的选择权、决定权，如“青橙”、“百分之百”推出了手机定制，用户可以自定义手机；在尚品宅配家居网，用户可以深度定制属于自己风格的家居产品；上汽的 MG5 极客版汽车，用户可根据自己的需求选择配置、座椅、系统、保险、车贷、语音助手对主人的称呼，等等。

不少企业纷纷试水 C2B 模式，以满足用户日益增长的个性化需求。但是，在企业进行 C2B 定制时，个性化与规模化之间的矛盾必然会出现。厂商为个体单独制作一款特定的产品，其生产成本会大大增加，尤其是一些复杂功能的定制，其成本之高不是一般企业所能够承受的。

如何从根本上解决个性化与规模化之间的矛盾，阿里巴巴基于大数据在 C2B 上做了不少有益的尝试。

对于大数据，舍恩伯格在《大数据时代》中的解释是 ：大数据指不用随机分析法（抽样调查）这样的捷径，而是对所有数据进行分析处理。大数据的战略意义在于通过对庞大数据的专业化处理，以实现数据的增值。

2013 年上半年，为了稳步推进电子商务本土业务，阿里巴巴包下了美的、九阳、苏泊尔等十个品牌的 12 条生产线，专为天猫提供小家电定制服务。其前提是：通过天猫自己所掌握的数据得出分析结果，去指导这些生产线的研发、设计、生产和定价。

此外，天猫还启动了数据共享计划，将收集到的行业数据，如价格分布、关键属性、流量、成交量、消费者评价等分享给厂商，通过大数据指导厂商研发、设计、生产，让更多的厂商受益于大数据的应用。

在天猫，用户的搜索浏览、驻留时间、商品对比、购物车、下单、评价数据都被全程记录，同时用户的个人资料例如性别、地域、年龄、职业、消费水平、购物偏好也被记录。天猫通过对用户的这些资料进行分析，得出企业所需要的数据。交叉分析、定点分析、抽样分析、群体分析……大数据的挖掘落地都得靠这些手段。

天猫试水家电行业，可以说是阿里巴巴一次大数据应用的练兵。这种基于大数据分析的 C2B 模式将会扩展到各个行业，服装、3C、家居甚至一些长尾品类，都会加入到大数据 C2B 定制模式中来。

未来，C2B 将成为大数据应用的最大受益者。

大数据定制下的网红经济

利用大数据为用户提供定制化服务和产品，可以应用到生活中的方方面面。因为每个人都是一组非常丰富的数据，商家可以通过对用户的数据分析为用户提供最契合的商品和服务。比如服装行业，未来是否可以根据每个用户的高矮胖瘦、兴趣喜好来定制个性化的服饰？化妆品行业是否可以根据用户的年龄段、性别、皮肤、身体状况等推荐个性化的化妆品？旅游行业是否可以通过用户的职业、兴趣、出行目的来定制用户专属的旅游产品组合？

企业要做到大数据 C2B 定制，需要具备以下几个条件：

· 拥有海量的数据；
· 能够从这些数据中挖掘出对生产厂家具有指导价值的结果；
· 在技术上具备挖掘这些数据的能力；
· 具有整合生产、流通和销售等关键环节的能力。

在移动互联网的世界里，收集用户数据更为便利，用户所有交互行为都会在网络上留下痕迹，存储在各个公司的数据库里形成庞大的数据信息。其中，网红承担了搜集粉丝需求数据的责任，在直播技术的即时互动下，数据双方的流动更加顺畅。在此基础上，大数据分析得以实现。网红电商通过这些数据分析结果，指导网红供应链进行相应的推广、互动，起到事半功倍的效果。

淘宝上的网红店铺“LIN 家”联合创始人张瑜表示：“相比流量来说，目前更需要的是精细化的跨平台数据产品。”因为有了淘宝大数据的支持，网红可以实时了解粉丝的动向，从而在社交媒体上做更加精准的定位，并优化推广和生产环节。

“93 后”个性化消费端的兴起

在大众消费时代，由于经济发展水平和自身消费能力的制约，人们的个性化需求没有得到充分释放，他们的注意力还停留在衣、食、住、行等基本需求上，对于产品更关注基本功用上的表现。而在个性消费时代，人们不仅仅关注商品的质量，还在意精神上的满足感。

是“93 后”现象而非“90 后”现象

物质的极大丰富，互联网的迅猛发展，加上社会自由度的拓展，人们已经不再仅仅满足于物质层面的需求，而是开始追求更高层次的精神需求。

传统媒体是这样来描述新一代消费者的：“移动互联网时代，80 后、

90 后与正在成长的 00 后是消费的主体。这一年轻的消费群体是互联网的原住民，他们的个性中充满了对传统和固定模式的反叛，他们喜欢标新立异，喜欢独具一格，更崇尚自我个性的表达和张扬。他们不喜欢跟别人一样的服装和造型，不喜欢程式化的东西。”

而我们通过直播、录播（短视频）类视频社交数据发现：80 后、90 后这样的简单以十年为周期的代际划分并不合适，以 93 年为分界点似乎更准确。93 年之前的用户行为与心理年龄更倾向于传统 80 后，93 年以及之后出生的用户才是大众印象中“个性、自我”的 90 后，他们使用的视频软件是 blibli、美拍、映客、花椒、斗鱼、快手等，而非大众印象中的视频网站霸主优酷土豆。“93 后”更愿意为正版付费，更愿意为偶像付出“爱”的供养。

“93 后”这样的群体特点，表现在消费观念方面，就是对商品个性化的要求。

多数“93 后”对商品的需求已不再局限于功能，而是追求一种身份和自我价值的凸显，希望通过拥有某一种商品体现出与众不同的自我意识。追求自我，对他们来说是最重要的。

在这样的消费背景下，“企业生产什么，消费者就购买什么”这种以商家和企业占主导的局面正被打破。人们在选择商品的时候开始有了自己的想法，越来越倾向于遵循自己内心的需求，不愿被动接受商家安排，在商家提供的商品中进行选择。

网红雪梨经营着一家名为“钱夫人”的网店。网店以经营女装为主，由创始人雪梨本人兼当模特。“钱夫人”的商业流程如下：首先，雪梨穿样衣拍美照发布在微博、微信和淘宝上，收集粉丝的反馈意见；然后，雪梨会挑选粉丝相对认可的款式，并结合粉丝的建议进行设计、打版、投产、上架。此举完全颠覆了传统的上新模式，受到了粉丝用户的热烈欢迎。进入“钱夫人”店铺，你会发现首页标有“钱夫人独家定制”的宝贝销量均已突破千件，有的甚至超过了万件。

目前，商品的个性化定制还没有实现全领域覆盖，主要集中在服装服饰、家居、3C 数码商品等领域，其定制也不是完全意义上的定制，大多还只是在一些功能比较简单的模块上做改变。但是，随着消费者个性意识的增强与科技的进步，个性化定制将会向着更深层面发展。

这一天正在呼啸而来，带着满满的商机。

自我意识被满足后的快感

通过产品的个性化定制，消费者能够获得意见被满足的快感。这种精神被满足的快感，一方面来自于企业或者商家按照消费者自己的需求来生产或提供商品，让消费者得到了身份和价值感被提升的满足；另一方面，企业按照自己的需求定制产品，消费者能够亲身参与其中，这样的参与感容易让消费者更认同产品，甚至对企业本身产生一种归属感。

例如有些手机提供在背面刻字的服务，同时也可以自主选择外壳款式和颜色。这样的订制，能够让用户体会到自己产品的与众不同。当然，这些还仅仅是某一个模块的定制，并不能给产品本身带来实质性变化，但是，即便仅仅是手机外壳的款式和颜色是按照自己的需求来定制，对于消费者来说已经显示了他的个性，彰显了他与众不同之处。

小米虽然没有明确自己的 C2B 电子商务模式，但其表现却是一个实实在在的 C2B 案例。在其产品的研发、生产乃至销售等环节，都保持了与消费者之间的实时互动。在每一次产品迭代过程中，“米粉”都会根据自己的需求提出各自意见和建议。小米平台方在每一次产品升级时，必定会在他们的微信平台上征询并采纳“米粉”们的建议。

所以，小米手机生产出来之后，就是很多参与者想要的样子。而参与者因为在手机的研发、生产和销售过程中有了亲身参与的经历，因此在得到自己认可的产品的同时，还得到了参与感和自我价值被认可的心理满足。小米一年一度的“爆米花”盛典更是把“米粉”们的参与热情推到了顶点，“爆米花”盛典每年都会评选出“爆米花之星”，他们的影响力丝毫不亚于网红，或者说“爆米花之星”就是诞生于万千“米粉”之中的网红。

从小米的成功可以看出，消费者对商品附加值的追逐有时候甚至超过了商品本身。我们不否认小米手机功能上的优势，但是与这些功能相比，“米粉”对小米手机的热情更多的是参与其中所获得的心理满足和自我价值感的提升。

电子商务的兴起，打破了时空的界限，让消费者对商品有了更多选择。在 B2C 模式中，消费者虽然可以自由选择，但是仍处于被动选择的位置。一方面是用户内心真正的需求没能得到满足，另一方面，这样的被动选择没能让他们得到快感。

而 C2B 模式更符合消费者的需求，也更符合市场的需求。在 C2B 模式下，消费者能够根据自己的需求，对商家提出要求，让企业或商家提供满足自身需求的商品。当然，消费者追求个性化，有时候需要付出必要的溢价。但是，在经济并不匮乏的今天，为了让自己所追求的附加值得到实现，不少消费者宁愿在经济上付出更多。相比多支付的溢价，精神上的满足与意见被即时采纳的尊重，更能赢得“93 后”的青睐。

消费者这种彰显个性、追求自我的消费观念，给众多商家和企业带来了挑战与机会。我们有充分的理由相信：C2B 模式取代传统的供求不对称的模式是电商发展的必然。

C2B2C：目前最合理的电子商务模式

C2B2C 综合了 C2B 和 C2C 两种商业模式的优点：一方面，用户向企业反馈需求，企业按照用户的需求定制产品；另一方面，一部分用户会带动和影响更多的用户，最终达到企业增加销量的目的。这样一个新型的商业模式，可以令用户、生产企业和商家三方达成平衡式获利。

何为 C2B2C，谁来做中间这个 B

在电子商务领域中，交易模式的创新才是决定成败的关键因素。我们说 C2B 是电商大势，那么 C2B2C 又是什么意思呢？

C2B2C 是一种大众定制化电商模式，可以看作是 C2B 电商的衍生。简单地说，就是用户通过企业电子商务平台实现用户与企业之间、用户与用户之间的信息交流。在互联网和物联网深入发展、融合的时代，这种模式使得信息流、资金流和物流更好地统一，可以向用户提供更具时效性、针对性的产品和服务。

在电子商务刚刚起步时，我们最熟悉的是 B2C 模式，企业从实体的销售渠道变成了网络销售渠道。这种模式为用户带来了购物的便利与价格上的优惠，但是商家与用户的关系并没有实质性改变，作为用户只能在商家所提供的产品品类中进行选择。

随着用户话语权的增大，“以用户为中心”成为商家普遍遵循的法则，并由此诞生了 C2B 模式。例如高级定制商品，即用户需要什么样的产品，商家就生产、销售什么样的商品。但是，有一句老话叫“众口难调”。少量的、单件式的生产模式对于商家来说构成了超高的成本压力，对用户来说也会形成高昂的价格压力，因此 C2B 看起来很美，真正落到实处并不容易。

在这种情况下诞生了 C2B2C 大众定制化电商模式，第一个 C 相当于大众用户，中间的 B 相当于需求搜集的节点，可以是商家，也可以是供应链，还可以是网红。通过搜集第一个 C 端消费者需求，为 B 端提供需求信息，并且满足第一个 C 端消费者。同时，将有效信息持续向 B 端反馈，推动、引领第二个 C 端的消费行为。

时尚电商平台美丽说（现与蘑菇街合并为美丽联合集团）汇聚了众多时尚达人。他们都是社交媒体上的知名彩妆达人、服饰搭配达人、人气美女主播、时尚博主，充满了时尚生活元素和青春气息。这些达人在社会化媒体渠道进行传播，获取关注与流量，带动着万千粉丝用户参与、购买，而粉丝用户则感觉像与闺蜜逛街、买东西一样。

美丽说 CEO 徐易容表示："美丽说平台经过社会化电商导购、女性垂直品类电商模式的积累，未来将朝着 C2B2C 平台模式发展。"美丽说一方面通过"网红"的导购形成粉丝效应；另一方面，从用户需求出发，充分运用大数据资源，对用户的时尚需求进行精准定位，实现 C2B 反向定制。从商家货品入仓、质检、包装、发货到收集用户体验信息的一系列环节，美丽说形成了完整的 B2C 平台策略，从而构成了全新的 C2B2C 电商模式。

可以说，C2B2C 比较完美地解决了现阶段中商家与用户之间的供需矛盾。

如何做好 C2B2C 电商

要做好 C2B2C 电商模式，首先关注的仍然是 C 端，用户是经营成败的关键。“水能载舟，亦可覆舟”，对于商家这条船来说，用户就是不可须臾离开的“水”。

众筹是一种典型的 C2B2C 模式，这种模式的主体叫“筹客”，是一个新兴群体。他们有自己的兴趣爱好，比如科技、文化、艺术等；他们具有探索精神，喜欢体验新鲜事物；他们总是站在潮流的前沿，代表着时尚、流行和前卫；他们具有积极向上的生活态度。从用户到“筹客”，并不只是希望获得低价商品，更希望获得的是参与感、社交和趣味性。“筹客”成为创业者们积累早期用户和获得市场反馈的重要渠道。他们在产品量产之前就参与进来，与商家建立双向沟通，这种深度关系是无法单纯通过营销手段达成的。

其次是 B 端厂商是否能够敏锐发现用户需求、收集到用户信息并反馈到产品中？如何保障、控制产品的质量和品质？这些决定着 C 端用户是否愿意埋单。

C2B2C 模式可以看作“C2B”和“B2C”两个阶段。在 C2B 阶段，商家主要工作在于收集用户需求、信息。例如天猫旗舰店采用预售的方式推出新款，先由用户进行预订，再投入生产。在这个过程中，商家就可以看出这个款式是否受到用户欢迎，通过对预订用户的分析改进甚至改变款式。在 B2C 阶段，商家根据用户的需求量投入生产。天猫有关负责人表示："前期开发的款式搬到线上进行测试后，如果发现客户对产品的接受度高，企业就可以随即快速进行批量生产。当然，如果只有一人预订，那么，企业也可以通过版房生产。"

当然不容忽视的还有"2"，这是"C"和"B"之间的连结方式。这个方式合理与否，用户的参与程度与商家汲取反馈的效率和程度，都会影响用户的购买热情，进而影响到企业的效益。目前来看，直播和录播视频中的网红是最好的"2"。

总之，C2B2C 是现阶段比较可行、比较经济的电商模式，不仅可以保证商家的产品能够较大程度地满足、符合用户所需，还可以帮助商家有针对性地组织生产，减少不必要的投入，从而实现经济效益最大化。

第3章

中间市场

从物以类聚到人以群分的演进

塌陷

用户需求是一种不断变化的动态力量，随着生活水平和科技水平的提高，用户的个性化需求得以充分释放。企图“一网打尽”所有用户、以规模取胜的商业模式已然力不从心。于是，中间市场逐渐走向消亡。商家只有认真对待类别用户乃至每一个用户，根据他们的需求来设计、生产、销售产品，才能赢得用户的认可和信赖。在这种时代背景和市场环境中，C2B的崛起难以抵挡。

流动的坐标：没有一款产品能够取悦大众

在以用户为中心的时代，那些企图让产品赢得大众的想法，最终会被证明属于一厢情愿。只有把小众作为突破口，倾听他们的声音，按照他们的想法来生产、销售产品，才能够在小众里吸引到“大众”，在激烈的市场竞争中生存和发展。

传统巨头们的纳闷

多元化的、充满个性化的商品市场取代了原有的千篇一律的市场，传统巨头们扩张的步伐停滞了。他们很纳闷：为什么以往的产品策略失灵了？为什么用户的口味变得如此刁钻古怪？

美国的 Gap 是 20 世纪 90 年代世界上最大的服装零售商，旗下的连锁店遍及欧、亚，鼎盛时期达到 3 000 多家。Gap 的服装适合所有人，年轻人去买 T 恤，老太太去买羊毛衫，每个人都去买卡其裤，甚至有明星穿着 Gap 毛衣出现在红地毯上。Gap 在很长一段时间里是一个成功的品牌。

然而，也就是在这段时期，Gap 也成为了制服的代名词，它的大众化风格让每一件服装看起来都一样。慢慢地，没有人愿意穿 Gap 了。

1999 年，Abercrombie & Fitch（阿贝隆费奇）出现了，其目标客户定位为追逐时尚的年轻人，每一个门店里都播放着震耳欲聋的电子音乐，毫无顾忌地表现出对 30 岁以上用户群的“敌意”。这个颇为另类的 Abercrombie & Fitch 成了 Gap 的劲敌，有了它，年轻人再也不愿意跨进 Gap 的门店。

Gap 的高层决定转型。为了吸引年轻用户，Gap 开始生产亮色裤子、帽衫、迷你裙等年轻人喜欢的服装款式，还聘请了年轻人喜欢的 R&B 歌手梅西格雷来为其宣传造势。然而，Gap 的状况反而变得更加糟糕了。年轻人依旧在 Abercrombie & Fitch 消费，仅有的中老年忠诚客户则被 Gap 新的营销方式吓坏了，他们也弃 Gap 而去。

这令 Gap 的高管们感到十分困惑，为什么潮流趋势与他们的设想不再一致了呢？

无论如何，Gap 的黄金时代一去不复返了。

一位零售分析师这样说：“Gap 的目标顾客很难被俘虏，因为 Gap 的目标顾客是每一个人，如果你想销售满足所有人的东西，那你的东西什么都不是。”

无独有偶，在中国市场，曾经的第一快时尚品牌美斯特邦威在近三年里的营业额都年年下降，宝洁公司在中国也遭遇了同样的困境。

众口难调，试图满足所有人的胃口，其结果就是被更为广阔的中间市场所抛弃。回溯过往，那些已经失去的中间市场虽然有着社会背景变迁的因素，但也符合市场经济的发展规律。在如今的移动互联网时代，中间市场陷落，曾经被称为非主流的正在成为主流。而从企业角度来讲，受互联网技术推动的倒逼效应愈发明显，传统 B2C 电商都在加速自己的转型升级。

市场经济就像一部大马力战车永远向前，其所经之处，不能适应市场环境变化的企业被碾压在车轮之下。而乘坐战车一路前行的是敏于调整姿势、勇于改变的弄潮儿。

产品取舍之道

人是世界上最复杂的动物，他的兴趣爱好、消费习惯绝非一成不变，而是随着时代环境、消费潮流、个人兴趣处于不断变化之中。在应对这种难以预测的紊流般的变化上，C2B“时刻以用户为中心”的商业逻辑恰好可以通过实时互动，以万变应万变，见招拆招。

显然，商家们越来越难以满足大多数用户的需求了。因此，不妨把范围缩小，把满足某一部分人的需求做好，做到极致，这样就能牢牢锁定目标用户，在强手如云的市场竞争中占有一席之地。

集中火力、单点击破的战略更容易达成目标。同时，这样也会让商家的特征更明显，让用户更容易在第一时间发现你、记住你。

奇虎 360 公司 CEO 周鸿祎曾说：“在做产品的过程中，都会经历这样的取舍过程。对用户群的取舍、对产品功能的取舍，甚至对公司利益的取舍。”下面让我们来看看这棵互联网常青树在产品上是如何取舍的。

1. 对用户的取舍

在 360 儿童卫士智能手表最初设计的时候，目标用户是 0 ～ 10 岁的小孩。因为不同年龄段的小孩胳膊粗细是不一样的，所以表盘设计就有大小之分，那么相应的电池也就有大小之分，而小电池容量的手表待机时间只有一天，每天都要充电，用户体验不佳。最后 360 决定把用户群进一步缩小，只针对稍大年龄段的孩子来设计、生产产品。既然你不可能满足所有用户需求，就不能把每个人都变成你的用户，那么不如服务好那些真正有需求的用户。

2. 对产品功能的取舍

对于企业来讲，需要在产品的工艺、材质、外形、功能等方面与用户沟通，或者自己站在用户的角度来思考，然后做出取舍。在这个过程中要记住，所有的取舍、所有的选择都是来自于用户怎么看，而不是做出一个产品妄图改变、教育用户。

360 儿童卫士手表的通话功能就经历了这样一个取舍过程：最初的手表预设了通话功能，因为多数学校都不允许小学生携带手机，所以把手表的通话功能给屏蔽了。但是后来有用户反映，遇到特殊情况时，小孩子与家长之间有必要沟通，360 又把这一功能恢复了。结果该功能成了第三代儿童卫士手表的核心功能，使得用户使用频率大大增加。

3. 对利益的取舍

做产品一定是以用户体验为首要原则，坚决避免损害用户体验的行为。如果一个产品不顾及用户体验，最终一定会失去用户。例如几乎所有的智能手机都会做商业预装，这些预装系统和应用占据了手机的大量内存，而且是用户无法删除的。

360 公司生产的奇酷手机有一个颠覆传统手机厂商的举措：不做商业预装。从公司利益角度来看，这显然是一种损害，但是对于用户体验来说是非常棒的创举。

舍得舍得，有舍才有得。360 因为时刻秉承“以用户为中心”的理念进行取舍，赢得了用户的口碑，从而获得了飞速发展。

无论是新兴企业，还是力图转型的传统企业，在推出产品时都会或多或少地遇到需要做出选择的地方，只有站在用户的角度才能做出最正确的选择。而 C2B 模式正是“以用户为中心”商业理念的集中表现：从产品设计之初到最终的销售、售后服务的一系列环节，都是与用户不断沟通、交流的结果。这种模式的关键是：商家不用再费尽心机去揣摩用户的需求，而是直接获取用户的意图，指导自己的设计和生产。这种互动性增加了用户的参与意识，促进其主动消费，不仅能为企业长远发展提供思路，还便于企业实时把握市场变化的动向。

C2B：个性化设计与小众化需求

打造完美的用户体验是企业的生存和发展之道，而个性化设计是达成这一目标的最佳方式。个性化设计和小众化需求相辅相成，小众化需求的存在和变化让个性化设计有了用武之地，并且越来越趋于完美。

个性化设计的存在利基

移动互联网时代，用户的消费观念正在悄然转变。他们不再只关注一个品牌是否是名牌，注重的是该品牌是否有个性、是否符合自己的价值取向、是否能够彰显自己的风格。即使是明星们的着装，也不再是满身 Logo，而是比定制、拼个性。

在这种趋势下，品牌定制化大行其道。很多品牌商都不再片面地求全、求大，而是精益求精地走起小众化路线，他们打出了“私人定制”的招牌，以充满个性化的设计来满足小众需求。此举既是用户消费理念的回归，也是市场经济发展的必然。

中国智能手机市场是名副其实的红海。苹果、三星牢牢占据一线阵营，华为、小米等后来者居上，还有联想、中兴、魅族、步步高、OPPO、金立等品牌数不胜数。如果提到青橙手机，名声也许不那么响亮，但是，青橙手机作为手机中的新锐品牌，依靠 C2B 定制模式在手机红海里谋得了一席之地。

2013 年 5 月 30 日，青橙发布了青橙 N1，号称全球首款用户深度定制的智能手机。青橙 N1 的定制内容非常广泛：比如手机的外观，图案、颜色、签名等，再如手机的硬件配置，内存、显示屏分辨率、摄像头、CPU 等，还有手机的软件、App 应用、用户界面等。

青橙 N1 每一项内容可供用户选择的形式也非常多，光是一个手机后壳就有 1 000 种定制方式，让用户可以按照自己的喜好自由搭配。

青橙手机率先在国产手机行业实现高度个性化定制，不再是在外观上玩蜻蜓点水式的定制，而是纯粹的、全面的、多元化的真正意义上的个性化定制。依靠这一颠覆传统手机的售卖模式，青橙手机成为了阿里巴巴集团无线战略的平台产品，与阿里联合推出了“超级定制”频道，用户通过该平台真正实现“我的手机我做主”。青橙手机在 2014 年的年销售量达到 200 万台，在竞争激烈的手机“红海”里赢得了一席之地。

个性化设计之所以如此重要，一方面与不断升级的用户消费心理、不断变化的市场环境分不开，另一方面也是产品、企业增强自身竞争力的需要。

1. 商品个性化设计符合用户心理

与之前以“大众”“中庸”为准则的“70 后”不同，每个“93 后”的内心深处都希望自己是唯一的，不是扔在人堆里与其他人高度相似、毫无个性的人。他们愿意为个性化产品埋单，希望通过这个产品来彰显自己的个性。即使为此需要付出更多代价，他们也心甘情愿。

2. 技术的进步促进了市场细分

在移动互联网高速发展的今天，传统的销售渠道被弱化，代之崛起的是渠道内容化。作为企业来说，只有读懂了细分小众的需求，才能按照他们的需求设计出打动他们的产品。

3. 个性化设计是企业谋求自身发展的需要

当今，商品的同质化竞争越来越严重：外观设计趋同，内在质量趋同，营销方式趋同，等等。那么企业要脱颖而出，只有在个性化设计上下功夫。因为技术、原料等物质因素可以相同，但人的思维是不同的，那些闪耀着个性化光辉的设计感是其他东西无法取代的。

当然，这种消费趋势对于商家的产品设计能力提出了更高的要求。在设计产品时不但要充分了解产品的目标人群，还要从技术上考虑如何让产品更有可配性，同时还要考虑这样的个性化设计能否付诸实践，顺利实现生产。

小众就是一门大生意

美国著名心理学家罗伯特·B·西奥迪尼博士在他的著作《影响力》一书中提到了六大影响力元素，其中最重要的一点是社会认同。也就是说，某种事物只要获得了人们的广泛认同，就会产生巨大的影响力。

所谓“物以类聚，人以群分”，在今天，这种“群分”方式呈现明显的互联网化。这些小众社群通过网络社交工具，如微博、论坛、微信、QQ 等，互动交流。而通过一些小众化产品，可以将有共同兴趣爱好、价值观相近的人群聚集在一起，开发符合他们需求的产品与服务，打造小众经济。

如果说大众品牌向集中化发展，那么小众品牌就是呈分散化发展，把整个市场分割成一个个小的部落。毫无疑问，小众品牌旺盛是市场高效配置的体现。

GoPro 公司在数码摄像机市场一片低迷的情况下一枝独秀，异军崛起。2014 年 6 月，GoPro 在纳斯达克上市，4 天时间股价涨幅超过 100%，市值从 IPO 时的 30 亿美元一路涨到 60 多亿美元。GoPro

所生产的小型可携带固定式防水防震相机迅速成为极限运动专用相机的代名词。

GoPro 创始人尼古拉斯·伍德曼是一名冲浪爱好者，冲浪爱好者无疑是小众中的小众，但是这个小众却开启了一个前所未有的广阔市场——自拍。以往我们都喜欢把镜头对准别人，从来没有一款产品只为自拍而生，更不用说是在做极限运动的情况下。

为了满足极限运动爱好者在极限运动时的拍摄需求，伍德曼把 GoPro 做到了极致。结果，这种极其个性化的设计使得这一小众产品广受欢迎，很多并非极限运动爱好者的用户也迷上了它。

GoPro 用个性化的小众产品聚拢优质用户，并且带动更多的用户参与其中，最终像滚雪球一样越滚越大，形成了强大的文化认同和用户群落。

可见，个性化的设计不仅能赢得小众用户的追捧，还有可能赢得大众用户的芳心，为企业创造更多的发展空间。此时，谁还敢说小众做不大呢？

小众的春天：C2B 个性化定制快速发展

小众消费群体的崛起，不只表现在长尾需求上，还表现在普通消费者对产品的个性化需求上。传统意义上小众的概念已经被打破，互联网时代的小众常常是一种普通消费者的个性化需求。这些小众消费者是互联网时代的新一代消费者，他们乐于把自己与主流文化分开，让自己更独特、更另类。而自我意识和个性的彰显，必然直接带来人的情感、消费行为以及需求的碎片化。

当个性化、小众化的需求不断增多，必然催生与壮大 C2B 商业模式。当人们惊喜地发现“定制”已不再属于富人的专利，每个人都可以随心所欲地 DIY 属于自己的商品，更是激发了消费积极性，让他们自愿参与到个性化产品的研发和生产之中，大大提高了企业生产个性化定制产品的效率。这是零售业的革命，工业 4.0 的先兆。

Joydivision 是一家专售自制手工皮包的淘宝店铺，产品以复古手工牛皮包为主。他们从零开始，运营了短短两年之后，就在网上凝聚了一大批忠实的拥趸，成为一个深受粉丝追捧的品牌。

2011 年，还是情侣的沈敏和陈琳创立了 Joydivision 这个品牌。Joydivision 原本是英国早期摇滚乐史上一支非常小众的乐队，这个名字与 Joydivision 小店的产品以及开发方式都是相吻合的。

在 Joydivision 上销售的产品，最重要的就是产品的独特性。他们的产品都不是出自流水线，而是由店主自主设计、自找手工作坊制作出来的，每一款产品都有其独特的个性和文化内涵，这让每一款包都有了与众不同的生命和色彩。

在消费者对包的使用过程中，自然的皮质会打上独特的个人烙印。一般来说，新包皮质的颜色会比较淡，在使用过程中，经过汗水、雨水等的洗礼，颜色会变深一些，使用时间越长，颜色越深，看上去比新包更为厚重。而且，根据个人的使用习惯，包的外形也会发生变化。所以，每一个用过的包，即使已经变旧了，对于个人来说仍然有着独特的含义。

Joydivision 皮包的用户定位主要是学生和工作不满 5 年的白领，这个群体的年轻人喜欢设计感强的产品，他们追求个性和一定的品质，喜欢自然纯净的风格。

Joydivision 的产品最初只有 3 款牛皮挎包，两年后的 2013 年，他们的产品款式增加了皮包、钱包各十几款。随着产品款式的增加，用户也在持续增多。追求新鲜、个性、小众的人越来越多，几百元的客单价根本阻止不了他们的热情。

Joydivision 牛皮包的定制，还只是初级阶段的定制。如今，消费者不只是在企业或商家提供的定制方案中进行选择，更多的时候，消费者可以根据自己的需求提出建议，在产品的设计中加入自己的元素，成为产品的设计师。

从定制品类来看，也是越来越丰富，包括实物定制、技术定制和服务定制。服装、鞋、手机、家具这些都属于实物定制。连快餐巨头麦当劳也在尝试着推出定制汉堡，用户通过安装在 iPad 上的菜单，在 20 种汉堡配料中任意选择搭配。技术定制中最为大家所熟悉的就是 3D 打印技术，3D 打印不仅仅应用于航天、医疗等专业领域，也逐步拓展到了食品、服饰等日用品领域，引领着传统制造业的变革。中高端家政、旅游、婚庆等 C2B 定制则属于服务定制，例如游心旅行就是一家旅行体验至上的定制旅行平台，专门提供个性化和定制化的国内、国外旅游服务。

越来越多的企业开始把目光从大众市场向小众市场转移，试水 C2B 模式，以服务小众为企业发展目标。他们不再把关注重点放在商品的差异性上，而是更多地考虑消费者的需求，找到消费者基本需求之外的个性化需求，从中寻求突破。

商家也在不断自我进化：从浅层的简单聚合消费者需求进行的定制，

到企业或商家给出不同的组合让消费者选择，再到直接由消费者提出消费需求，企业按照消费者需求进行量身定制的模式。总之，小众崛起，推动了 C2B 定制模式的飞速发展，而 C2B 定制模式的纵深发展，又满足了无数小众需求，让消费者进入了一个前所未有的美好时代。

族群与边界：年轻人成为消费中坚

曾几何时，人们眼中那群“长不大的毛孩子”悄然成为了消费市场的主力军。淘宝数据显示，2015 年的淘宝总用户，28 岁以下的消费者超过 50%，在牡丹江、铜川、赤峰等三、四线城市，28 岁以下消费者更是超过了 60%。

消费市场的中坚力量

在独立性、自主性上，80、90 后比 70 后表现更为明显，80、90 后中大多数走上了工作岗位，有了一定的经济基础，他们正成为当下以及未来的中坚消费力量。

对这一年轻消费群体，最受认同的描述是“流行与时尚的领跑者，自主与创造的拥护者，娱乐与表现自我的狂热者”。个性化成为他们最重要的消费诉求，他们不喜欢和朋友的商品重合，但愿意倾听来自朋友的推荐，他们在社交媒体分享购物体验，也在社交媒体获取购物信息。

总部位于香港的爱定客（IDX）将目标消费人群锁定为年轻人。关于网站的定位，爱定客是这样描述的："每个人生来都与众不同，你就是你，你喜欢的就是真理。每个人都是天生的艺术家，你有你的配色美学，没什么不可以！"这些话无疑道出了年轻人的心声。

爱定客创立于 2012 年，它采用了 C2B 模式，以消费者需求来带动生产。为什么要采取 C2B 模式？在创始人党启元看来，C2B 的优点主要体现为三点：一是零库存，直接按照用户的需求来采购原料、生产产品，砍掉了库存成本；二是可以收集用户的偏好需求；三是创造了产品的附加价值。

在爱定客的平台上，产品是可以被用户设计的，设计过程本身就是一个非常有趣的体验。在交易之前，用户非常享受整个设计过程，交易之后将自己设计的服饰穿在身上，自豪感油然而生。这种基于用户自己设计的情感独特性，为产品带来了附加值。

年轻人追求个性化，喜欢与众不同的感觉，希望自己的设计能够被世人瞩目；年轻人喜欢接受挑战，尝试新的产品。爱定客将年轻人的偏好与购物有机结合起来。对用户来说，在爱定客定制一双鞋，不仅仅是一双鞋，更有一种其他购物方式无法享受到的独特体验。

爱定客平台上如今有数量超过 1 万的会员（指在平台上进行自主设计的用户），在销售额上，也是呈逐年递增的趋势。这说明了满足年轻人喜好的 C2B 商业模式大有可为。

就像爱定客 CEO 党启元所说的那样："中国现在的消费环境已经到了一个新的阶段，创意开始被认可了，人们愿意多花一些溢价来采买一些能彰显自己个性的小玩意儿。"当代年轻人的物质生活比较优越，因此他们更注重精神和文化上的满足。与此相适应的，是他们的追求和个性释放程度也越来越高。

全球商家都在聚焦 90、00 后，可以说"得 90、00 后者得天下"。企业只有了解主力消费人群的消费需求和消费特点，才能为他们提供伴随其成长的产品和服务。

拒绝被定义的用户需求

自从美国市场学家温德尔 · 史密斯于 1956 年提出"市场细分"概念，

市场细分原则成为工业时代企业的经营准则，他们将用户按照收入、生活区域、年龄、性别等维度划分为不同人群，以指导商业行为。

随着时代的发展，尤其是年轻用户群体的成长，“市场细分”法正在失效。例如我们以往会根据用户的收入水平分为高端消费者、中端消费者、低端消费者，但是现在，我们发现高端消费者也会购买十几块钱的东西，低端消费者也有可能凭着兴趣爱好出手阔绰。我们按照区域把用户划分为华北大区、西南大区等；按照出生年代把用户分为 70 后、80 后、90 后……但是，这些所谓的标签不管用了，用户如同变幻的星辰难以琢磨，更难以捕捉。用户拒绝被定义，他们希望做独一无二的自己。C2B 定制为应对这种个性化的消费潮流开辟了一条崭新的道路。

传统的家居行业都是把家具摆在展厅里面，由消费者选择心仪的款式。消费者想让产品做什么改变是很难的。尚品宅配改变了传统销售方式，实行 C2B 定制：消费者想买什么样的家具，我就帮你设计、生产什么样的家具。

尚品宅配自称“把少数人的定制变成多数人的生活”，无论是客厅、厨房、餐厅、卧室，所有的家具都可以定制，而且可以完全按照用户的要求来设计定制。用户只要在网络平台上输入自己所处的城市、楼盘，选择好户型，就会自动生成一套基本的平面布置方案，而设计家具产品的配套方案从产品结构、款式、材料都可以由用户随意挑选。

支持 C2B 生产的关键是 IT 技术和互联网环境的成熟，使得个性化定制和大规模生产的矛盾得到了完美解决。尚品宅配拥有数码云设计系统，通过数码云为用户提供免费的个性化设计服务，把家具的应用效果、场景展示给用户。用户可以坐在电脑旁随时修订、选择，直到最后形成最满意的方案。

在整个过程中，每一个用户既是产品的购买者，也是产品设计的参与者。C2B 时代，拼的是用户体验，这种个性化定制方式给了用户最优的体验。

时尚潮流在不停变幻，市场需求开始变得多元化和差异化。达尔文的进化论认为“物竞天择，适者生存”，在个性化消费崛起的时代，网红经济、云计算技术代替了传统的统计学方式，依托这些信息技术革新完成 C2B 方向的进化，是企业适应当今大势的生存、发展之道。

C 端和 B 端的演进

个性化、体验化、社交化是移动网络原住民的消费需求，碎片化、移动化是移动网络原住民的消费习惯和方式。为了满足 C 端的需求，迎合 C 端的习惯，B 端必须调整姿势，以柔性化生产代替传统的工业化生产。

C 端的演进——自我意识的觉醒

昔我往矣，杨柳依依，今我来思，雨雪霏霏。

自然界沧桑变幻，人世间光波流转，在不知不觉之中，曾不被看好的 90 后开始崛起。90 后是和互联网一起成长的一代，他们从小就和互联网打交道，数字化对于他们来说成了一种基本的生存技能。而对于 70、80 后来说，互联网是他们成年之后的事情，如同哥伦布发现新大陆的兴奋和欣喜，他们逐渐发现被互联网带领着走进了一个奇异而精彩的世界。因此，90 后与正在长大的 00 后是移动互联网原住民，70、80 后属于移动互联网移民，而 60、50 后乃至更年老的，基本属于移动互联网难民。

对于移动互联网原住民来说，手机和网络在他们生活中就像阳光和空气一样自然而又必需。根据国家统计局公布的数据，我国 90 后人口数量高达 2.11 亿，占全国总人口的 15.4% 左右。庞大的数字后面，蕴藏着不容小觑的消费力。

根据 2014 年易观智库与腾讯联合发布《中国 90 后青年调查报告》显示，77.3% 的 90 后购买商品最主要因素是自己喜欢，其次才会考虑价格因素。此外，他们对传统的广告促销、导购等方式基本无感，更喜欢通过社交网络来获取商品信息。

三星手机一贯给人以高端商务的印象，如今也开始研究年轻人的消费心理，并推出他们喜欢的手机款式。比如三星在 2015 年 5 月联手漫威推出的三星钢铁侠 Galaxy S6 Edge 限量版手机，就是为 90 后量身打造：色彩绚丽的外观，独有的钢铁侠手机界面，迎合 90 后的内置程序，等等。三星副总裁卢基学对此的解释是：“从韩国的经验来看，年轻人是消费主导，比较容易带动社会潮流，所以年轻人的需求非常重要。”

最近网易新闻客户端正式上线了“网易漫画”，这一举措的目的就是为 90 后互联网原住民带来更多阅读乐趣。网易漫画签约了大量优秀的国内原创漫画作品，同时引进了不少国外的热门动漫作品。在产品优化升级的过程中充分考虑到了 90 后用户群体的需求，例如加入了跟帖和弹幕功能，让用户们可以吐槽无障碍。

随着移动互联网人群的年轻化，二次元文化已经由非主流演变为潮流文化，并开始影响年轻人生活的方方面面。围绕着二次元文化，展现出巨大的消费能力和成长潜力，而 90、00 后正是其中的主力。根据艾瑞咨询发布的《2015 中国二次元用户报告》，2015 年二次元用户达到 2.19 亿，其中 90 后人群占到 62.3% 的市场份额，00 后占了近 3 成。网易漫画的重磅出击就是网易顺应时代潮流，“讨好”90 后用户的表现。

在新的消费模式中，消费的最终环节并不是消费行为，而是消费之后的分享。在餐厅吃饭，很多小伙伴先拍照发个朋友圈；在路上看到新鲜事物，拍摄下来发个微博；无聊时来个搞怪自拍，上传朋友社区……这些行为对于网络原住民来说是家常便饭，就像起床之后要穿衣服一样自然而然。在移动互联网时代，消费者可以随时随地把自己的消费行为和结果，通过社会化网络渠道晒出来，让更多的人看到。这样做的结果，对于自身来说，因为表达了自己的想法而获得了精神上的满足；对于围观的小伙伴来说，引起了他们对同类产品的共鸣，促成了一种潜在消费心理。

从传播效果来看，这种消费的自传播比广告效果要好，来自朋友的推介更容易让人接受并形成二次消费，从而像一个石子击入湖面，荡开一圈一圈的涟漪，形成一环比一环大的消费环。如果消费者的消费行为给他带来的是不良体验，这种传播扩散的作用也会对商家形成一种威慑力，可以起到良好的监督作用。

B 端的演进——企业生产柔性化

按需订制，对用户来说是一个多么美好的未来，想要什么，商家就会生产什么。众筹、预定、团购，定制的方式多种多样，而且绝对不是仅仅在外观上的小打小闹，是彻彻底底从软件到硬件，从外观到内容，从原料到工艺，全部的决定权都掌握在用户手中。用户还可以通过直播，观看定制产品生产加工过程的现场直播。一切尽收眼底，一切尽在掌握，这样的感觉只有一个字——爽！

但真正要把 C2B 落到实处、实现深度定制的难度并不小。从批量定制到个性定制，多品种、小批量、快速反应、平台化协作，完全是再造一条全新的商业价值链。这就对企业的实力和资源整合能力提出了挑战。也正是如此，不少试图介入 C2B 定制模式的企业，并不敢投身其中。

制造加工行业的人都知道：生产一批同质化产品并不困难，单个成本相对较低，而生产一个个形态各异的产品，成本必然很高。虽然用户乐意为个性买单，但还是会涉及一个边际成本：当用户为了获得某种需求而付出过高代价时，很容易放弃这种需求退而求其次。

这样，在用户个性化的需求与企业的生产能力之间形成了矛盾，也影响到了 C2B 商业模式的真正落地。怎么办?

——柔性生产。所谓“柔性生产”是相对于“刚性生产”而言的，大工业时代的批量生产叫做刚性生产，而柔性生产则是通过生产环节、人力、市场营销等方面的改革，使企业的生产系统能快速响应市场需求，进行多品种、小批量的生产。

柔性生产的关键是生产装配柔性化。在生产装配过程中，对产品线进行柔性化改造，能够在不停机的情况下实现多品种工件的加工。例如汽车行业的柔性生产线可同时组装不同颜色、不同款式的汽车。

当然柔性生产不仅体现在设备、技术的柔性上，还包括管理的柔性，例如用户信息的聚合、分析，产品设计和生产的对接效率等，而平台背后的大数据、云计算能力是企业实现柔性化管理的基础。企业不但要有获取数据的能力，还要有数据挖掘、分析和提供解决方案的能力。

前文提到的尚品宅配，是国内首家提出数码全屋定制家具概念的企业，支撑其 C2B 的就是柔性化生产。在家具市场一派低迷的环境下，尚品宅配每年都保持着稳定增长。

尚品宅配重金引进了第三代柔性生产线，在提高产能的同时降低了成本。当然柔性化生产不仅仅在于花钱去购买生产设备，还在于生产的驱动系统，从销售端到生产端到采购端到排产端，构成一个联动的体系。

工厂里面的人和机器都是生产系统的一部分，都是由系统来驱动。前端的设计人员设计软件，设计软件结合下单系统，下单系统又结合排产系统，排产系统结合生产系统，最后到达物流系统，整个工厂的生产运作全部自动化、智能化、科学化。在这样一个体系里，小批量、多批次的定制生产得以实现。

C2B 商业模式是一场产（B）消（C）双方的协同演化：C 端消费者的演进促进了 B 端随时获取、收集、分析 C 端的大数据技术；同时，个性化营销、柔性化生产、社会化供应链在不断升级，成为 C2B 模式不断发展的有力支撑和促进力量。

未来是一个“个性化定制，柔性化生产”的时代。以消费者为中心的 C2B 模式，正推动着越来越多的企业以柔性化生产去适应个性化需求。

阿里巴巴首席战略官曾鸣曾这样说：“所有管理者都必须警醒的是：在现代工商业发展史上，C2B 模式的大量出现是一个从未有过的事件。它不是转瞬即逝的浪花，而是塑造全球商业气候的巨型洋流。能否把握这一趋势，将决定谁是未来的商界领袖。”

从 B2C 到 C2B：势能博弈

从 B2C 到 C2B 是一种思维模式的改变，更是商业交易法则中买卖双方博弈后的结果。消费者从被动变成了主动，从产品的接受者变成了产品的决定者。商家实行 C2B 模式时，必须彻底转变观念。

从 B2C 到 C2B

以往的电子商务只是把零售这个环节搬到互联网上，提供的依然是标准化产品，没有满足客户的个性化需求，获取的利益仍然来自传统的批零差价。在日趋高涨的营销成本和物流成本夹击下，这种盈利模式将企业带入了困局。一些大型电商开始考虑整合供应链，建立自有物流、仓储，其出发点仍然在于节约、降低成本，以获取较大的利润空间。

而电子商务的本质，并不是从线下搬到线上那么简单，是重心和中心真正地从厂商向用户的转移，移动互联网正在加速了这种转移。工业时代以厂商为中心的 B2C 模式，正逐步被信息时代以用户为中心的 C2B 模式所取代。

未来的企业应该由需求来驱动。从 B2C 到 C2B，是一次触及商业交易法则核心条款的革命，实质上也是买卖双方势能博弈的必然。

线上淘品牌服饰店 LIN 家从 2011 年 6 月开始引入网红店铺模式，一直走的是“高端定制”路线，由网红店主本人作为海外买手，提前将款式以图片形式在页面或者粉丝群里“测款”。经过核心粉丝团队的讨论评估，根据用户的意见反复修改款式，直到用户满意再进入工厂端上新环节。其创始人张瑜认为这样做有两个好处：“一个是避免危险的库存积压，第二个是防抄款。”

除了时装品牌，耐克推出了 NIKEiD 鞋，从颜色到材质都由用户说了算。如果你认为个性化定制服饰鞋帽不足为奇，那么定制家电、定制家居是否让你眼界大开？

创维携手天猫商城推出全球首款 DIY 电视；奥克斯联合聚划算发起了“空调玩定制、万人大团购”活动；海尔集团更是大张旗鼓将定制进行到底，冰箱、彩电、智能家居，无所不包……

C2B 商业模式和传统的工业时代完全不同。传统的工业时代以“大”为特征：大生产，动辄拥有上万产能的流水线；大零售，遍及全球的连锁店、加盟店；大品牌，在各种媒体大打广告，打造成全球知名的品牌；大物流，遍及全网络的物流、仓储系统……

随着互联网对商业的渗透，C2B 展现了完全不同的运营思路。以往商家信奉“顾客就是上帝”，他们小心翼翼地伺候、讨好着“上帝”，而顾客并没有获得应有的愉快和满足，反而被这些虚情假意弄得浑身不自在；而实施 C2B 的商家能让顾客真切地感觉到是“以自己为中心”，自己就是上帝。

践行 C2B 经济的思维模式

人是由思想驱动的高等动物，思维决定了行为。小米科技创始人雷军曾经说过：“互联网思维就是用互联网方式低成本聚集大量的人，让他们来参与，相信群众，依赖群众，从群众中来，到群众中去。”雷军所说的群众，正是 C2B 模式中的 Customer。

在 C2B 模式中，我们看到了生产方式、管理方式上的巨大改变，这些改变是建立在崭新的思维模式下的，它们将主导管理者的行为和决策，管理者也正是以此为中心构建 C2B 系统。这套崭新的思维模式包括服务性思维、生态系统思维、大数据思维和创新性思维。

1. 服务性思维

在传统的思维定式中，企业更注重经销商一类的客户，对于产品的最终使用者——用户不够重视。在 C2B 模式中，要把产品的最终用户放在首位，以用户为中心，发掘用户的真正想法和需求。

由用户思维衍生出来的一种思维是服务性思维。传统的工业产品卖出去或者到了预先设定的服务期限之后，服务即宣告结束。而在 C2B 模式中，用户下单之后才开始一件产品的生产，其服务是贯穿始终的，因为对于 C2B 企业来说更重要的是用户的反馈意见。C2B 企业几乎每天每时每刻都要与用户打交道，与用户进行沟通，同时发展新的用户，而后根据用户信息对自己的产品随时进行调整。

2. 生态系统思维

C2B 时代的企业和用户都是互联网上的一个点，彼此之间的沟通和交流非常便捷，当大量个体聚集在一起的时候，会产生大大超越个体的智慧和能量。现在的商业行为和商业模式越来越社会化，左右商业命运的因素和原来完全不同。以前的企业思维是线性思维、链状思维，现在的思维是网状思维，是生态系统思维。

达尔文认为只有将个体生命放到整个生命之网中进行观察，才能发现个体的进化方向和命运。在移动互联网编织的巨大网络系统中，每一个个体需要找到自己存在的理由，衡量自己的能量，怎样与其他企业和用户协同创造价值。例如 C2B 模式中的用户共创产品，就是一种协同效应，让用户利益和企业利益都达到最大化。

3. 大数据思维

C2B 的首要任务是消费需求数据的汇集。有了这些数据，才能准确知晓用户需求，才能优化管理和生产环节，才能协同各种有效信息。通过数据的挖掘与分析，将大大提升企业的核心竞争力。数据就是资源，数据就是财富，数据就是创造商业价值的基础和保障，而网红恰恰可以成为搜集消费需求的节点。

4. 创新性思维

产品创新、管理创新、技术创新、流程创新、运营创新……创新是企业发展的原动力。从 B2C 到 C2B 是一种商业模式的创新，如果没有创新的思维，根本无法适应飞速变幻的市场环境，不可能满足日新月异的用户需求。企业不断地聚集用户分散的、个性化的需求，必须不断地进行微创新、快创新，才能形成更适应市场的生产、经营方式。

总之，C2B 企业的经营者不应该再自上而下地考虑问题，而要从最基础的用户开始逆向思考。以往的商业模式落伍了，从前的思维模式、认知方式已经不合潮流了。如果在观念上没有根本的转变，没有认识到 C2B 商业模式的实质和规律，那么，再先进的技术和设备武装出来的只不过是一个 C2B 的外壳，实体仍然是 B2C，被年轻一代抛弃只是时间问题。

因此，我们说从 B2C 到 C2B，首先是一种思维模式的改变。思维改变了，才能从旧的商业模式中跳出来。

第4章

正中靶心

网红时代的 C2B 之路

C2B 定制实现了用户利益与企业利益的统一。未来，基于大数据的 C2B 将形成“大数据定制”模式，这个“C”将涵盖全网的用户，而且 C2B 包含的产品品类会更丰富，甚至包括一些长尾品类。

à Pierre

从市场调研到大数据应用

传统的市场调研方法并不能全面、精确、客观地捕捉到用户不断变化中的真实需求。如今网红经济下的网红与需求方通过直播等方式，能够即时化、现场化搜集更全面、更精确、更客观的数据。那些市场嗅觉灵敏的品牌，正借助网红经济攻城略地。

可口可乐在 1982 年的滑铁卢

传统的市场分析建立在市场调查的基础之上。大致方法是在推出新产品或者开拓新市场之前，企业会设计出市场调查问卷，分发给不同区域的目标客户填写，然后根据问卷结果做出市场预测。在这个阶段，抽样的科学性、问卷设计的合理性等，都影响着调查结果的真实性，因此这种市场调查的失败案例屡有发生。

可口可乐是美国饮料市场的 NO.1，一度牢牢占据着美国 80% 以上的市场份额。到了 20 世纪 70 年代中后期，百事可乐的迅速崛起令可口可乐倍感压力。为了应战百事可乐，可口可乐公司推出了名为“堪萨斯工程”的大型市场调查活动，这场调查斥资数百万美元，周期长达 2 年。

1982 年，可口可乐深入到 10 个主要城市进行了 2 000 多次访问，调查结果表明消费者愿意尝试新口味的可乐。于是可口可乐依据市场调查数据开始开发新口味，放弃了长达 99 年的可口可乐老配方。

在新可乐推向市场之前，谨慎的可口可乐公司进行了大规模口味测试，先后在 13 个城市邀请近 20 万名消费者就新、老口味的可乐进行对比测试，结果有 60% 的消费者认为新可乐比老可乐口感好，52% 的人认为新可乐比百事可乐好。

得到了市场调查数据的可口可乐公司开始大胆地将新的可口可乐投产。他们全面调整生产线，改变外包装，采取一系列广告攻势，可谓万事俱备，只欠消费者点赞了。万万没想到的是，新可乐带来了灾难性的后果：新顾客不买账，老顾客很生气。

为什么可口可乐公司投入大量的人力、物力、财力的市场调查数据失灵了呢？

因为有时候数据本身显示的信息并不能代表人们真实的、全部的心理意愿，比如说认为新可乐口味更好的顾客并不表示他会选择购买新可乐。基于传统的市场调查方法采集的数据信息是片面的、主观的、非即时的，很难全面客观地说明问题。

沃顿商学院市场营销学教授彼得·费德认为：市场调查在 20 世纪 50 年代、60 年代和 70 年代，可以帮助我们洞察客户的喜好，促进公司的管理决策，但是在今天并不能适应潮流，传统的市场调查坐在冷板凳上，甚至很多公司都不搞市场调查了。

商业行为在任何时代都离不开数据信息。从远古时期的结绳记事，到近代的计算器，再到如今的计算机、互联网、云计算，人类一直在和数据打交道，并且产生了统计学、计算技术、市场分析学等各种学科。通过数据的收集、运算和分析，可以得出结论来指导商家的商业行为。随着时代的发展与科技的进步，如今的移动互联网让商家有了通过即时互动了解对方的渠道。在全新的网红经济时代，获取用户的手段更为直接，数据搜集与挖掘的能力更加强大，得出的结论也就更为精准。

你一定听说过各种关于大数据应用的逸闻趣事。例如奥巴马运用大数据成功连任美国总统，魔镜数据公司通过大数据的整合分析预知石油市场的走向，《卫报》制作的一条数据新闻迫使英军撤出了伊拉克，Google 预测出了禽流感，微软预测出了奥斯卡奖项……这些真实的事例在让我们大开眼界的同时也提醒我们：大数据应用无处不在，大数据的威力无所不能。

美国著名信息管理学教授桑德拉·希尔表示："这是一个非常激动人心的时代。有大量的数据可挖掘，以深入了解客户，了解他们的态度和他们的心智。此外，数据挖掘在过去的 10 年已经取得了长足的发展，但我们还有很长的路要走。"

在网红经济时代，B 端可以追寻用户的整个消费轨迹：从最初的消费冲动、权衡，到最终做出购买行为的全链条数据，而隐藏在这背后的消费动机和心理动因也被一览无余。

大数据驱动下的 C2B

对于"大数据"，专业研究机构 Gartner 是这样定义的：大数据是需要新处理模式才能具有的更强的决策力、洞察力和流程优化能力的海量、高增长率和多样化的信息资产。这个很长的复句有两层意思：一是大数据是海量的、大规模的数据信息的集合；二是大数据更为重要的在于处理、分析这些信息，从而起到指导商业决策的作用。

在 C2B 定制模式中，大数据有以下作用：

1. 工厂规模化生产需要大数据

也许有人感到奇怪，C2B 个性化定制就是要与众不同，一人一样，怎么还需要规模化呢?

的确，正因为用户需要的是独一无二的商品，C2B 模式才得以存在并且流行。但是，作为商家来说，在线上聚合的用户需求越多，越有利于统筹规划、合理安排生产。当用户的需求多种多样的时候，我们看到的是眼花缭乱的信息，此时大数据分析就可以派上用场了：大数据可以将海量信息中的共同需求聚合到一起，达到规模化生产的目的。这样做有利于降低生产成本。

2. 定制服务需要大数据

从积累用户需求、分析用户喜好，到设计师设计产品、销售人员提供营销服务，定制服务的整个流程都需要大数据来支撑。

3. 线下体验需要大数据

如今线上聚拢用户、线下着重体验的 O2O 模式非常流行，而线下门店的布局、地点、装修、布置等内容都可以通过线上的大数据来指导。在线下布局完成后，用户在线下的体验信息又可以为线上的运营、决策提供参考。

现实生活中运用大数据进行 C2B 定制的成功案例很多：例如济南市通

过 IBM 创建的数据评估模型，各旅游部门的信息得以在大数据平台上实现共享。借此，相关单位就可以获取游客数据并在有效分析的基础上对游客群体进行细分，然后针对每一个群体制定有针对性的旅游产品和营销策略，为济南旅游行业的管理和市场运作提供了数据支持，也提升了济南打造智慧化国际旅游名城的效率和速度。

模块化定制：工业化与手作工的合体

通过模块组合快速形成个性化模块化定制是实现 C2B 商业模式，平衡个性化与规模化之间矛盾的一种重要方式。虽然模块化生产并不属于新生事物，但是其体现出来的化繁为简、让共性化模块形成个性化商品、用户利益和厂商利益兼顾等优势充分说明，模块化生产将成为企业实行 C2B 定制商业模式的有效策略。

解决个性化需求与规模化生产之间的矛盾

所有的 C2B 定制都是为了满足用户的个性化需求，但是厂商的最终目的一定是服务更多的用户，形成规模才有利可图。如果为每个人制作一个特定的产品，就需要大量不同的生产工艺、模具、原料，这必然导致生产成本的大幅提升。而一些技术尚不成熟的工艺，或者是一些很复杂的定制，想实现就更困难了。

平衡个性化与规模化的矛盾是C2B的必经之路。如何平衡？方式之一就是通过成熟的模块组合快速形成个性化产品，这种方式被称为“模块化定制”。模块化最早由美国管理学家赫尔伯特·西蒙(Herbert A.Simon，1916~2001年)提出，指在对一定范围内的不同功能或者不同性能、不同规格的产品进行分析的基础上，划分成一系列功能模块，并且进行设计、生产，用户通过模块的选择和组合构成不同产品的过程。

2015年1月，谷歌发售了首批模块化智能手机Project Ara。一般来说，用户使用手机的目的主要是即时通话、阅读资讯与游戏娱乐，因此用户对手机的需求一般集中在外形、照相功能、速度、屏幕清晰度等方面。那么，综合用户的需求制作成几个手机模块，再由用户自主选择、装配，打造自己喜欢的个性化手机，这样的C2B定制相对就简单多了。

Project Ara的项目负责人介绍，该模块化智能手机有三种尺寸和样式，其中最小的由8个模块构成，只需要50美元。这50美元可以买到屏幕、处理器和WiFi模块，如果想打电话或者拍照，还需要购买通信、摄像头模块。

在组装上，所有模块都通过电控永磁的方式吸附在主框架上。

> Project Ara 的优势在于用户在硬件上拥有自主选择权，不喜欢哪里就可以更换掉，坏了某处拆下来换个新的模块就可以了。

谷歌模块化手机的出现，意味着手机模块化技术已经成型，对于手机行业具有划时代的意义。在如今的红海手机市场，手机的软硬件配置差距越来越小，同质化现象严重，一款个性十足的模块化手机更容易脱颖而出。

体积越来越小，功能越来越强大，高度一体化设计是当前移动智能设备的发展趋势，谷歌 Project Ara 却反其道而行。为了给消费者提供高度可定制性的权力，谷歌舍弃了诸如高配置、一体化设计之类的传统商业打法，成本要比普通智能手机高出 25%，耗电量也要大于一般的智能手机。

那么 Project Ara 是智能手机未来的趋势，还是仅仅局限于小众的 DIY 情怀？毕竟极客和手机发烧友还是少数群体，对于喜欢享受简单生活的普通消费者来说，高度定制的吸引力还没有那么大。

但不容忽视的是，Project Ara 的优势在于产品升级周期短、升级成本低，而且可以把 Project Ara 作为一个平台，让任何制造商都能够在谷歌制定的标准下生产各种各样的专用模块，成为该移动设备的某个组成部分，手机硬件变得像应用那样极具可塑性。所以从长远来看，这已经远远超出了小众 DIY 的范畴。

一种新兴模式要想得到大众的认可，总是需要一定的时间来培养。在兴起的过程中，先行者会不遗余力地优化产品、升级服务，等到这种模式已经普及时，成本就会降下来，价格也就大众化了。因此，虽然 Project Ara 成本高、耗电量大，但我们依稀可以看见模块化定制的美好未来。

“模块”变身术：化整为零和化零为整

搭积木是大家喜欢而且熟知的娱乐活动，通过自己动手将积木排列组合形成各种各样的形状，期间趣味横生。模块化定制中的“模块”就像“积木”一样，厂家要做的是化整为零，生产出通用规格和标准的积木组件，消费者要做的就是化零为整，把一个个模块按自己的要求和想法组合成产品。

模块化定制在国内还处于起步阶段，在技术上的提升空间很大。相对来说，家具是比较容易模块化的产品。欧派、尚品宅配、索菲亚、好莱客等家居品牌看准了这一点，纷纷推出模块化家居产品，其内容包涵橱柜、吊顶、卫浴等家具、家居产品。家庭装修不再是浩繁的大工程，用户可以像搭积木一样按照自己的喜好去组装。

模块化家居将繁复的定制体系转化为标准模块，通过不同的组合方式，在照顾到用户个性化需求的同时使家装变得简单、经济，可谓家居产业的一大竞争利器。美家团创造人佘达认为："模块化装修与细胞式生产链代表了未来的行业方向。"

在旅游行业，除了高端大气上档次的定制旅游之外，接地气的"模块化"定制产品也在试水。旅游公司聚合用户的需求，将旅程设计为一个个有主题特色的行程模块，用户可以像在餐厅吃饭点单一样，把自己喜欢的模块挑选出来，再由旅游公司进行组合，形成实际的旅游计划并付诸实施。

在汽车行业，德国大众通过 MLB（纵置发动机模块化平台）与 MQB（横置发动机模块化平台），推出了包括奥迪 A6、Q5、Q7 等很多明星车型。MLB 与 MQB 的衍生能力极强，非常适合柔性化生产。

无论任何行业的模块化定制，都是把用户的个性化需求与企业的规模化生产相结合，以形成双赢的局面。通过巧妙、合理的模块化设计，既能让用户彰显自己的个性，也可以让企业通过批量生产标准化模块来缩短产品的交货期，降低产品的定制成本。

群体调研定制：让用户成为产品主理人

参与到产品的设计中的群体调研定制与其他定制最大的不同，是从产品的研发设计阶段开始，用户就深度参与其中，由他们决定产品的款式、功能、材质，等等，最终形成定制化产品。这种商业模式不但可以满足用户的个性化需求，还可以提升用户的参与感，起到良好的营销推广作用。

用户参与设计并影响决策

每一款小米手机在推出之前，都会邀请粉丝通过互联网平台参与到产品功能的讨论和投票中。这种通过互联网平台，让用户参与到产品功能的设计和选择并形成最终产品的方式，称为“群体调研定制”。

通过群体调研定制与传统的市场调查存在一个明显区别：在传统的市场调查中，用户是客体，可以提出意见，但没有决定权；而在群体调研模式中，用户是主体，他们的意见会形成最终的产品决策。

2015 年 3 月，海尔冰箱首批 15 款众创定制产品在天猫海尔官方店发布，由用户投票进行排名，最终票数最高的 3 个系列投入定制化生产。

2015 年 4 月 11 日，定制冰箱设计师和发烧友聚集在海尔工业园个性定制装机活动现场，开启装机活动。然后，海尔全套定制家电正式在天猫“海尔官方旗舰店”接受预约。

在这次活动中，参与海尔定制家电的用户多达一万名。定制冰箱实行可视化生产，首批预定用户可以通过网络全流程观察冰箱“智造”的全过程。

海尔这次定制活动的成功，意味着海尔从以往的问卷式市场调查升级到群体调研定制。

中国家电研究院研发设计中心品牌总监苏亮表示：“个性和品质，是消费者的两大诉求，为了满足诉求，家电企业做了很多尝试，但始终未迎来大规模的市场增量。随着新一批消费主力的到来，定制家电即将迎来一场行业大爆发。”

随着互联网时代的发展，个性定制、私人定制产品越来越丰富，一个大规模定制化时代即将来临，传统产品的价值将会被大幅降低，有些行业甚至会被颠覆。

群体调研定制的优势

群体调研定制既是一种产品开发方式，也是一种营销方式。具体来讲，有以下几个特点或者说优势：

1. 从“以用户为中心”的设计转变到了“用户投票式”设计

以往强调“以用户为中心”去设计产品，设计主体是设计公司和设计师。用户作为客体，通过调查、访谈、小组讨论等方式被动参与，相关的意见和建议采纳与否，用户说了不算。而“用户投票式”设计强调产品设计和开发应优先满足用户的需求和期望，用户从客体转变为主体，用户真正深度参与设计，增强了用户与产品之间的感情。

2. 意见被采纳后的销售回报凸显

在群体调研定制过程中，用户可以真切感受到这是他们和设计师一起创造、解决问题，他们是产品的改变者和决策者。这种身份和立场的转变，提出意见并被采纳使得用户获得心理上的满足，提升了用户对品牌的忠诚度。

3. 提升了设计水平

群体调研定制转变了设计师的意识和工作方式，为企业的设计工作提供了更广阔的观察视角和研究手段，进一步提升了企业设计工作的水平。

乐高是丹麦老牌玩具生产公司，在上世纪末一度陷入困境。因产品单调、缺乏创新，乐高不再受到市场欢迎，企业以每天亏损 50 万美元的速度迅速衰落。

有一天，一位设计师突发奇想，在乐高论坛上与一批乐高产品的爱好者一起设计了一款玩具，投放市场后取得了非常好的反响。乐高的高层从这件事里受到启发，从此开启了群体调研定制的大门，这一举措让乐高起死回生，迎来了一个全新的发展阶段。

乐高重点改进了产品开发的流程。改进后的流程分为四个步骤：征集概念；进一步选择概念；测试推荐产品的商业计划；最终确定推向市场的玩具产品设计。流程的核心是了解孩子们的感受，寻找能与孩子共鸣的主题。如果设计得不到孩子们的支持，必须果断放弃。

例如在“探索系列”中有一列火车，设计师为了让火车掉头而增加了齿轮结构，一位孩子认为这没有必要，如果想让火车掉头，只要用手拿着转一下就行了。乐高采用了这个孩子的建议，该款产品因此节约了一半成本。还有“城市警察系列”玩具的设计，也听从了一个七岁小男孩的想法。小男孩认为如果小偷也像警察一样拥有一辆逃生车就更棒了，这一建议启发了设计师的设计思路，增加了玩具的趣味性和吸引力。

乐高将定制的理念融入公司的发展计划，其用户意见征集渠道遍及世界各地，他们收集用户的意见和信息，就像乐高设计师所说的那样：“我们提着工具箱跑遍了世界，拿着模型展示给儿童，问他们的想法。因为他们才是玩具国度里的专家。”乐高此举不但获得了无数新的创意、提升了设计水平、丰富了玩具的种类，还通过这些活动打响了知名度、拉近了与用户的距离，客观上起到了非常好的营销效果。

乐高这种群体调研定制非常值得其他行业学习，特别是那些注重用户体验的产品，在设计中最好让用户深度参与。此外，新产品的创新程度越高，越适合用户群体调研，这样可以降低企业的试错成本。

预售模式：先收钱再做事

先收集需求再生产的预售模式也是 C2B 商业模式之一。这种方式的优点在于可以满足用户的个性化需求，这是其存在的基础。其次，企业可以有效节约成本和降低库存。

先收集需求再生产的预售模式

C2B 预售模式，简单说就是用户通过互联网平台先下单预订，一般需要先交一部分订金，商家根据用户的订单数量、式样组织生产与配送。智能硬件行业非常青睐这种方式。此外，众筹、团购也属于预售模式。

2014 年 12 月 15 日，京东开启了家电 C2B 定制，与 TCL 携手发布首款定制空调——“任性调”的预约销售。作为首款网络定制的智能空调，用户是如何参与“任性调”定制的呢？

1. 支付订金

一个月内，用户在京东平台预存 100 元订金，就可以参加网络定制智能空调活动。

2. 大数据海选

商家为空调提供了 4 款面板、22 项功能，此外，外观、功能、产品命名、遥控器等都有不同的款式与参数供用户选择。用户可以根据自己的喜好进行选择、投票。投票结束后，京东选出最具人气的空调定制方案在平台公布，并宣布最终的零售价格。在活动结束后的 5 天内，参与了定制活动但不购买的用户会获得返还的订金，需要购买定制空调的用户则在订金的基础上交齐尾款。最终，超过 1 500 名消费者购买了此款定制空调。

3. 生产

京东将定制信息反馈给生产商 TCL，空调进入生产流程。

4. 配送

由京东根据消费者订单，从 2015 年 3 月开始对定制空调进行配送。在此次定制活动期间，商家还推出了多项优惠活动，如发放优惠券、将空调遥控器升级为 iPhone 6，等等，极大地调动了用户的参与热情。

C2B 定制将商家与厂家的生产、供给和销售推向了一个全新的阶段。在京东与 TCL 联合发起的空调定制活动中，制造商、电商和用户之间形成了全新的关系：用户不再是单纯的消费方，而是成为决定生产的关键力量；电商和制造商之间不再是单纯的供销关系，而是变成互利共赢的合作伙伴。

需要指出的是，以网红经济的方法论的眼光来看，上述案例依然有诸多不足，看起来像是 B2C 行业的一种姿态，而不是由内而外的革新。也许，通过网红直播来调研会更加便捷，用户的参与也会更踊跃，随之而来的会是更高的转化率与更多的销售额。

C2B 预售模式的优势与挑战

要想让 C2B 预售模式落地，企业需面对诸多挑战，例如前期对用户资源的聚合，以及在供应链上的整合。

用户资源的聚合，就是卖方要聚集尽可能多的用户参与到定制活动中来，有了足够多的用户才能形成足够多的信息、数据，从而优中选优，利用大数据技术分析出最精确的结果。因此，无论是平台的流量，还是大数据、云计算技术，亦或营销的经验和实力，像京东、阿里巴巴这样的大平台无疑更有优势。

在供应链整合方面，考验的是生产商的实力。C2B 定制是一个很新鲜的概念，但是这种形式却并不新鲜。在二三十年前，我们去裁缝铺做衣服，请木匠来家里做家具，请厨师来家里做婚宴，其实也是一种 C2B 定制，他们会按照我们的具体要求来做。但是这是一种低效、简单的“小作坊”式生产。现代企业生产需要通过流程化、规模化、精细化，达到规模与个性、成本与效率兼顾的目的。这就要求生产商必须根据用户的需求统筹采购、利用原料，通过柔性化生产线进行排列组合、生产产品。可见，一种生产模式变革背后，是整个供应链系统的升级、改造和优化。

大数据定制：引领未来 C2B 的方向

通过对数据的收集、整理、分析处理，企业可以发现更多商业规律，精确提炼用户需求。用数据说话是一种科学的态度，用数据指导生产是大势所趋。当然，企业要想实现由数据驱动的 C2B 模式，还要相应地具备数据获取、分析与整合的能力。

大数据定制的威力

根据国家旅游局公布的数据，2014 年由旅行社组织的国内游人数占全年国内出游总人数的 3.6%，出境游中 65% 的客源不是由旅行社提供服务。中国旅游研究院院长戴斌认为，“我的行程我做主”的个性化旅游新时代开始了。

对于传统的在线旅行社以及更为传统的地面旅行社来说，个性化旅游盛行显然是一个挑战。而对于新兴的“互联网 + 旅游”公司来说，更多的是机会，以满足用户需求为导向的 C2B 在线旅游公司正崭露头角。

C2B 旅游定制产品，主要瞄准的是中高端用户。辛巴达旅行网推出的一款度假产品，可以根据用户的情感、旅行主题、行程和费用预算等不同维度，最终做出精准的旅行方案。每个订单都会配备私家旅行顾问，解决用户出行中的任何问题。辛巴达这种做法不但满足了用户的旅行需求，还关注到了其精神层面的需求，一经推出就赢得了不少中高端用户的支持和信赖。

那么，辛巴达是如何做到深度定制的呢？当然离不开大数据。

1. 找到精准的用户群体

针对不同的用户群量身定制不同的出行方案。辛巴达网全面记录了用户的行为数据，从搜索浏览内容到参与过的旅行项目，等等。同时，用户的个人资料，诸如性别、年龄、职业、地域、消费水平和偏好之类的信息也尽入囊中。然后，辛巴达再通过 Tag（标签）筛选，在大数据分析的基础上提供跟踪式旅行方案推荐。

2. 旅行产品的个性化定制

通过对用户行为的分析、兴趣爱好以及季节等外在因素的分析，加上深度挖掘用户的内心需求，在此基础上进行智能匹配，为用户提供个性化的定制方案。

3. 通过数据沉淀与用户互动

辛巴达开通了14个微信订阅号、1个微信服务号，为用户提供更便捷的预订服务，形成更有效的沟通。辛巴达通过与用户的沟通和互动培养了用户的忠诚度，在此基础上形成大量的跟踪服务和二次消费。

辛巴达CEO潘云龙认为，在未来的3～5年，大数据定制旅游将成为旅行用户的首选模式。

大数据定制的基础是数据的获取和分析。每个人都包含着大量的数据信息：例如身体方面的数据，身高、体重、血型以及各项指标数据；互联网行为方面的信息，比如经常浏览的新闻、喜欢玩的游戏、各种社交方式数据；还有个人属性方面的信息，比如姓名、年龄、性别、学历、居住区域……将所有数据集合起来，就能“画”出一个活生生的、丰富而具有个性的人。

各个网络端口时时刻刻生产着数据。通常情况下，样本数越大，误差就越小，企业通过对大数据的深入分析能够发掘与捕捉到真实的需求信息，随之投其所好，与消费者进行更暖心的互动，针对消费进行更精准的营销，实现“消费者更满意，商家更赚钱”的良性循环。总之，数据“沙子”的体量越大，淘到金子的几率就越大。这就是大数据对 C2B 定制最重要的价值所在。

工厂正蜕变为数据处理中心

2015 年 3 月中旬，在德国 Cebit 大会开幕式上，马云分享了他的一些思考和看法。他认为未来互联网只有和传统行业进行完美结合才有持久健康的出路，而结合的结果将会形成真正意义上的数据经济。未来三十年，因为数据经济，人类社会将真正进入巨大的变革时代。

源源不断的石油驱动着世界的进步，而未来将由数据来驱动。一个大型的数据集成平台，可以形成一条以数据为核心的产业链。就像某地发现一个大型煤矿，其周边就会形成以煤矿为核心的产业平台，如采煤机械产业、物流产业、火力发电产业，还有以满足工人生活需要的超市、餐厅等。

马云认为：“只有当鼠标和水泥相结合时，互联网公司才能活下来，才能开心地活 30 年。”如果这个结合实现，那才能被称为数据经济，而不仅仅只是数字经济。所有的一切都会被改变，有一种东西将会在机器中流动，那就是数据。这个世界将会因此变得非常美丽，同时也非常富有挑战性。

企业要做到大数据定制，最重要的就是具有数据的收集、分析和整合能力。首先要收集和积累到海量的数据，在此基础上挖掘出对生产商家具有指导价值的结论，并且与生产、流通、销售等环节实现联动，形成一个高效率、高精确度的大数据定制系统。

在服装制造业普遍不景气的逆势之下，山东青岛红领集团迎来了高速发展，其西服定制业务年增长率超过 150%。

传统定制西服周期要经过 3~6 个月，首先通过手工量体得知用户的尺寸，再按照尺寸手工打版，做成样品，用户试穿后进行修改。如果仍不合适，还要再次打版、制样、试穿、修改……如此反复，最终才形成一件定制西服。

红领西服通过对数据的应用，用规模化生产解决了个性化需求，大大缩短了定制西服的周期。红领自主研发了 RCMTM(红领西服个性化定制)系统，这个系统每天可以生产 1 200 套不同的西服。

大家都知道，对于用户身体的各种尺寸量得越准确、越详细，就越能做出合身的服装。RCMTM 创造了一种标准化的量体方法，这套量体标准可以采集用户 19 个部位的 24 个数据。

RCMTM 用大数据系统替代手工打版环节。只要将包括用户的身体测量数据和各种细节要求（通常有 50 多个技术数据）输入，系统就会自动生成版型，速度达到秒速。

PCMTM 包含着 20 多个子系统，全部以数据来驱动运营，每天系统自动排单、裁剪、整合版型，都是数据驱动与人机结合。从数据录入到成衣，300 多个工序只需 7 个工作日。

因此，与其说红领是一家西服定制中心，不如说是一个数据处理中心。红领的 C2B 模式都是建立在大数据基础之上，凭借多年的积累和研究，红领的数据库已经极为庞大了。

一方面，海量的数据信息可以让企业从中分析用户需求，得出普遍性的规律，形成各种产品的原始模型；另一方面，通过平台聚合用户的个性化需求，再根据这种个性化需求来设计、生产具体的产品。这种由互联网思维、智能制造和数据驱动相融合的大数据定制模式是 C2B

真正的革新和进步。

3D 打印、数据经济与 C2B

谈到数据经济与 C2B，不能不谈 3D 打印。这三者结合，能将 C2B 定制发挥到极致，引发一场商业革命。

3D 打印机是近年来很火的一款产品，能根据 CAD 三维数字模型，通过材料逐层叠加生成产品。目前 3D 打印技术已广泛应用于国防军工、

图 4-1 世界首款 3D 打印金属枪（图片来源于网络）

航空航天、船舶汽车等工业领域，在建筑行业、医疗卫生、人偶玩具、服装服饰、食品加工等民用级行业则刚刚起步。

2013 年，美国德克萨斯州的 SLS 服务供应商 Solid Concepts 成功制造出了全球首支金属 3D 打印枪（见图 4-1）。成品手枪通过了连发 50 多枪的耐力射击测试，可准确击中 27 米外的目标。

除了弹簧和弹药是使用现成的成品之外，这款金属材质的枪均系打印而成，跟真正的手枪没有什么区别。在此之前，所有 3D 打印枪都是塑料制成。

我们不妨顺着这一思路展开想象：在未来，用户只需在网上下单，订单信息就会迅速传到云端，云端立即将订单传送到离你最近的社区 3D 打印店。打印店打印出来产品，再送货上门，整个流程快捷高效。如果再往前推一步，用户将 3D 打印机搬回家，又将是一个什么场景呢？

也许有一天，你可以通过电脑或手机选择自己想要的商品，然后点击下单。一个数据包“不超过八分之一秒”（凯文 · 凯利语）到达你的手机。蓝牙自动连接自家的 3D 打印机，很快就打印出了你所想要的。未来更多的实物会变成数据，商业活动更多的是卖数据，也就是卖比特，而非原子、分子组成的实物。

尽管目前的 3D 打印机并不能打印万物，打印的速度以及成品在精度与强度都不够完美，但技术总是在进步。在 18 世纪的西方，当时的高科技就是风力帆船。1802 年春天，美国发明家富尔顿制造了世界上第一艘蒸汽机轮船，但一场风暴把它摧毁了。富尔顿重建了一艘蒸汽机轮船，命名为“克莱蒙特”号。1807 年，“克莱蒙特”号在美国哈德逊河上试航。据说试航前，河边围观的人们纷纷大喊：“开不起来！开不起来！”看到船缓缓开动，人群又大喊：“停不下来！停不下来！”

当然，富尔顿的蒸汽船开得动也停得下。但是大家还是嘲笑这艘蒸汽船很可笑、很滑稽、很没有效率。的确，它经常出故障，航行成本也很高。但是，到了 1875 年，跑运输的帆船公司都破产了，蒸汽船霸占了市场。

知古鉴今，3D 打印机很可能就是那艘摇晃前进的“蒸汽船”，在数据的推动下，劈波斩浪开新宇，商海横流扬新程。

第5章

聚合需求

以消费者为导向的个性化定制

C2B 商业模式，无论聚合需求模式、预售模式、个性化定制模式还是众筹模式，其目的都是聚合 C 端的数据信息进行分析、处理，形成最终的产品解决方案。因此，C2B 模式的实现离不开企业对 C 端的掌控能力：一方面要培养起 C 端的个性化定制习惯，聚合更多的用户；另一方面也要具备对用户信息的处理能力，能够透过数据发现用户的本质需求。

让 C 端养成个性化定制的习惯

如今，C2B 定制还处于发展的初级阶段，对于绝大多数用户来说属于新鲜事物。可正是初级阶段，才是企业把握先机、培养用户习惯的好机会。就像淘宝培养了用户网购习惯、腾讯培养了用户社交的习惯一样，用户的个性化定制习惯也会在潜移默化之中养成并形成强大的黏性。

如何培养用户习惯

早在 20 世纪 70 年代，美国著名的未来学大师阿尔文 · 托夫勒就在《未来的冲击》中写道："未来的社会将要供给的实在不是有限的、标准化的商品，而是有史以来最多样化的、非标准化的商品。"如今，这一预见正在变成现实。服饰、珠宝、日用品、家具、家居、家电、食品等行业都开启了 C2B 定制化模式。然而，从用户的角度来看，个性化定制的习惯还尚未形成。

用户习惯是很多企业一直在思考与研究的东西。对于企业来说，只有培养用户的使用习惯才能建立起和用户之间持久的黏性，企业才能更好地生存。一种新的商业模式要被用户所接受进而产生依赖，需要企业运用各种经营手段对用户习惯进行潜移默化的改变和润物无声的培养。

1. 推出的产品或服务要符合市场经济潮流

作为企业，想要让 C 端养成个性化定制的习惯，首先得推出符合市场经济潮流的产品和服务。

超市模式刚刚进入国内市场的时候，很多消费者并不习惯，比如购买商品时没有导购的解释和服务。有些经营者也不习惯，比如商品丢失以及高损耗就让他们非常头疼。但是，一种商业模式如果真的顺应经济潮流，就一定会发展起来。随着各项配套服务、安保措施的完善，超市模式逐渐被消费者所接受，并且取代了传统的百货商店。

随着互联网的崛起，电商模式对过去的连锁、加盟式的超市经营模式形成了巨大的冲击。然后在电商日趋同质化的今天，个性化十足的 C2B 模式又悄然登场。未来，也势必会有其他模式取代 C2B 模式，尽管当下的 C2B 正成为一种潮流。

商业模式的更新换代是经济发展的必然规律，一种新的模式刚刚露头时，总会有这样那样的问题，无论是消费者还是经营者也都有这样那样的顾虑。因此，在潮流诞生之初，注定只能有少数人勇于实践。他们是市场大潮的弄潮儿，会有人呛水、沉没，但活下来的人将享受丰厚的回报。这是商业创新让人着迷的魔力与魅力。

2. 产品要做到“人无我有，人有我优”

榨汁机一种常用的厨房小电器，使用中一直存在一些问题，例如清洗麻烦、出汁率低、营养流失严重、不能榨出不同的口味，等等。

SKG是中国互联网家电的知名品牌，它的企业宗旨是用创新的设计理念设计出极致的产品。为了顺应当今用户对健康的追求，SKG原汁机为不同的水果设计了不同的转速，这样就有效地解决了营养流失的问题。

在其他产品上，SKG也始终坚持创新，例如嘟嘟原汁机简化了榨汁过程，提升了榨汁速度，还提高了出汁率，同时还可以按照不同的要求榨出口感细腻度不同的果汁。

除了榨汁机外，SKG生产的其他产品也会根据用户意见不断改进、完善。比如减肥减脂机、电烤箱、空气净化器等，SKG在这些小家电上都进行了优化和创新，赢得了越来越多用户的肯定。2012年SKG的销量达到2亿元，2013年增长至5亿元，2014年超过了12亿元，SKG已经连续三年蝉联互联网小家电品牌销量之冠。

企业只有不断创新，企业和产品才能持续吸引用户。相对于多姿多彩的物质世界，用户的精力和注意力都非常有限，这意味着用户的消费习惯一旦养成，在很长时间内都不愿意再去改变了。

3. 运用有“温度”的营销手段作为辅助

用户习惯的养成还需要运用一定的营销手段。生活中，人们的注意力很容易被各种新鲜事物所吸引。对于企业来讲，要想吸引用户的注意力，仅靠优异的产品是不够的，还需要的营销方式让用户对你的品牌印象深刻。

微博上有一个著名的高跟鞋品牌叫“高跟 73 小时”，其经典款式永远处于抢购和待补货状态，它的经营者是网红赵若虹。赵若虹曾经发布了一则非常有个性、广为人知的广告语：“这双鞋，给那些文能填葬花词武能修宝马车的女人……”

赵若虹的微博粉丝是一个庞大的充满“文艺”气息的群体，因此她时刻都在输出自己美好、乐观、青春、知性的形象。她说：“粉丝会养成一个习惯，每天要刷我的微博，他们喜欢我的生活态度，喜欢我生活中一些非常琐碎的事情。因为粉丝觉得网红的生活比电影更真实，他们希望在我的生活里找到了他们向往的影子。”

今天，狂轰滥炸式的广告已经让用户变得麻木，而那些有“温度”的商家，往往会将企业行为与用户的日常生活乃至情感联系在一起。

用户习惯养成法则

用户想要查询信息的时候，自然而然地会点开百度；用户觉得有点无聊的时候，就会想到登录微信；还有每一年的“双十一”，用户自然会想到淘宝……这些都是非常自然的联系，这些企业品牌和产品占领了用户的“第一反应”。他们不但创造了产品，还创造了用户习惯。

一般来说，用户习惯的养成最初都来自于吸引力。你的企业文化、品牌或者是某种产品、服务，对于用户产生了强大的吸引力，通过循环反复的吸引，最终让用户不自觉地依赖并且信赖这个企业和产品。吸引力的形成一般要经历四个阶段。

1. 激励

激励是激发一个人行为动机的有效手段，无论是外部激励还是内部激励、物质激励还是精神激励，都是打开吸引力闸门的钥匙。比如在各类平台网站上，注册会有小礼品，购买某种商品会附带赠品……这些激励手段都可以增加用户对其的好感，吸引用户的注意力。

2. 行动

如果激励手段足够有效，用户就会随之采取行动。例如用户在 Facebook 上点击了感兴趣的照片后，就会进入一个瀑布流风格的照片分享网站——Pinterest。需要注意的是，互联网产品必须遵循一个原则：简单可操作性。如果操作过程过于繁复，会引发用户的反感，这就是很多产品设计力求简洁的原因。

3. 不确定的奖励

用户的一次尝试并不能形成习惯，习惯需要反复行动才会养成。事实证明，用户对于不确定性的东西更感兴趣。比如美国的化妆品网站 Birchbox 采用注册会员制，每个月都会为会员送上一个免费礼盒，这个礼盒是为会员量身打造的，每个月都各不相同，让用户在打开 Birchbox 礼盒时都期待一次新的惊喜。这种持续的惊喜让 Birchbox 会员成为忠诚用户，并且始终心怀期待。

4. 投入

形成消费习惯的最后阶段就是“投入”，指的是用户在产品上花费的时间、金钱以及贡献的数据和社会资源，等等。投入的增加会导致用户更加依赖，进而形成习惯。例如一些个性化的在线教育产品，当你被其吸引并使用之后，你所有的学习数据、测评都会留在这个产品上，你投入的时间与精力越多，再改弦易张换别的教育产品就会越觉得麻烦并且不划算。因此，只要这个产品能够给你提供持续良好的服务，你就会越来越习惯。

C 端参与过程中的自我价值实现

在 C2B 模式中，C 端参与并且决定产品的设计和生产，由原来的被动接受者成了主动的决策者。这个过程不仅是企业完善设计和产品的过程，同时也是用户自我价值实现的过程。

反客为主

美国定位大师杰克·特劳特说："企业要把产品和品牌定位在消费者的心智中，让消费者产生排他性的选择。"但如何能实现这样的定位？最好的办法是不断满足用户的需求、让用户产生愉悦体验。

卡当网是一家定位为个性化礼品定制的电子商务网站，在礼品玩具类电子商务网站 Top10 排行榜中屡屡名列第一。

卡当网有一项非常特别的活动：每两周举行一次设计竞赛，每次设定一个特定的主题，用户可以围绕这个主题，按照自己的想法设计产品图案并且上传到卡当网。上传的每件作品图案下都设有订购单按钮，浏览者可以投票、订购。

活动结束后，卡当网会根据人气挑选出 15 件优秀作品，给予现金奖励和获奖证书。用户设计的产品每售出一件，设计者都能获得一定的版权收入。

如此一来，无论是充当评委还是参与设计，在这个过程中所获得的欣喜和满足感是其他营销方式无法替代的。也正是如此，卡当网的每次大赛都吸引了大量用户参与。

C2B 模式颠覆了生产者和消费者的地位和关系，让消费者在创意、营销、销售环节中起到了生产者与营销人的作用，不仅充分发掘了消费者的潜力，还有利于形成良好的用户体验。

在商业竞争中，用户体验甚至比价格战的作用更大。良好的用户体验可以赢得用户的信任并以此黏住用户，这也是当今那些强势企业的核心竞争力。

C 端自我价值与 B 端企业利益的统一

C2B 模式更容易让用户形成良好的用户体验，这在业内已经达成了共识。虽然每个用户都有定制个性化产品的潜在需求，但这并不意味他们都愿意参与进来。从企业角度来讲，没有 C 端积极参与就无法产生足够的数据，继而无法做好 C2B。那么，如何吸引更多用户参与到 C2B 中来呢？

企业需要做的是给予用户更多的自主权，或者干脆把用户变成自己的同盟军，借此激发用户更为积极的参与意识。

早在 2007 年，宝洁公司专门建立了“C+D”网站，开放其研发业务，吸取来自用户的创新成果。宝洁至此从传统意义上的产品“研发”走向借助外部力量的“联发”，此后每年有将近一半的产品设计都来自于外部。

宝洁公司的高层曾经自问：“如果我能用较低成本获得外部资源，我还有必要投入巨资去维护研发团队吗？”找到答案后，宝洁在网站上设置了一个“你来问我来答”的功能模块：谁在研发过程中遇到问题，就把问题贴在网上，吸引热心用户或者专业人士来提供答案，进而与企业产生互动。

通过这种方式，宝洁设计出了很多更符合用户需求的产品。例如宝洁公司一款佳洁士新香型牙膏，只要在该款牙膏的包装上刮一下，就能闻到牙膏的香味。这个创意和设计就是用户提出来的。

另一方面，由于从外部引入了更多的创新思维和贴近用户的设计，保洁公司研发成功率提高了 85%，因此获得了更多利润。

北京大学副教授胡泳预测未来的企业会向功能化、模块化发展，需要时拿起来就用，不用时它就不会出现。他说："在消费者掌控话语权的时代，企业要做的第一件事就是弄清楚，什么事情消费者自己做比企业为他们做来得更好。如果答案是'所有的事情'，那么企业的好日子也就到头了；但如果答案是'在你的帮助下，消费者可能做得更好'，那么企业就要开始想怎么去帮助客户。"企业与消费者的联结纽带是基于共同的价值和由此衍生的体验服务，因此，企业需要专注、不断地与用户互动，同时与用户保持价值上的一致。

聚合 C 端需求，让 B 端得到更多订单

究其实质，C2B 模式是一种建立在"如何将需求反向匹配给供给端"的商业模型。从企业角度来讲，只有通过社会化网络、企业平台、第三方平台以及线下体验店等方式和渠道，聚合足够多的 C 端需求信息，才能更有效地转化为订单并且更经济地组织生产，达到节约成本、增加效益的目的。而企业可以把这部分节约下来的成本回馈用户，由此形成一个良性的商业循环。

让 B 端拥有透视 C 端需求的超能力

阿里巴巴 CEO 张勇在一次卖家见面会上说："少搞些假 C2B。预售

不是 C2B，货都给仓库了，先预售一下，只是把定金锁定，这不叫 C2B。真正的 C2B 是利用消费者需求的聚合，能够改变整个供给模式，使效率提升。这样的变化，我认为是未来 C2B 的核心，才是电子商务的方向，最终才能给企业带来新的效益。”

张勇所谓的真正的 C2B，要求 B 端对 C 端需求具备足够的洞察能力。如何洞悉 C 端的真正需求呢？

1. 要明白用户的需求是什么

在聚合需求的 C2B 模式中，企业可以为用户提供可供多种选择的标准或者模块，这些标准和模块一定是最具代表性的用户需求。所以，并不是说实践 C2B 时，企业就不用分析了、不用思考了，无论用户提出什么天马行空的想法，好，我们去做好了。C2B 模式仍然需要了解用户群。同样一种产品，不同的人有不同的关注点和侧重点，只有找到用户群最关键的痛点，才能解决用户群的本质需求。

比如说一个人感冒了，那么是病毒性感冒还是细菌性感冒呢？病毒性感冒一般可以自愈，而细菌性感冒就要借助药物来治疗，否则会对肌体造成损害。但是同样得了病毒性感冒，老年人和年轻人的抵抗力不可同日而语，那么老年人就有必要借助药物治疗，以免引发其他的身体问题。同样是老年人，男人和女人的要求可能不一样，不同年龄段的老年人要求又不一样，不同体质的可能又不一样……所以要解决感冒的问题，既要从感冒疾病本身出发，又要从患者角度细分。

单纯一个感冒就有这么多种花样，何况在我们日常生活中形形色色的需求和问题呢？这就需要数据处理、深度分析。

2. 注意分清直接需求和潜在需求

有时候，用户对商品的需求并不会直接表达，说出的只是直接的需求，但在其背后还会隐藏着潜在需求。就像在汽车发明以前，用户只会说需要一匹更快的马，他需要的其实是速度而不是马本身；还有的用户看中了一件商品，嫌价钱贵，就会故意挑一些毛病来压低价格。这些都是用户行为中的直接需求和潜在需求的区别。

互联网时代的产品经理都非常重视用户反馈，比如腾讯公司的产品经理有一个“10/100/100 法则”，也就是说每月做 10 个用户调查、关注 100 个用户博客、收集 1 000 条用户体验反馈。但是有时候，企业也会陷入用户反馈的陷阱。

例如滴滴打车 App 解决的是司机和乘客信息不对称的问题，用户的用车信息会显示在滴滴上，由司机快速响应，但有的年龄偏大的司机因为手机型号、使用熟练程度等问题而抢不到单。久而久之，一些司机因为不适应这种方式就离开了滴滴平台。滴滴发现了这个问题，推出“滴米”调度系统，通过大数据和规则判断，将司机抢单改为平台派单。但是这种改变对另一些司机来说减少了收入，因此滴滴也收到了大量的负面反馈。最终，经过认真分析，滴滴找到大量负面反馈只是来源于少数原来的受益者，于是将“滴米”系统坚定地推行了下来。

总之，企业只有把数据集中起来，进行对比、分析、溯源，区分开用户的直接需求和间接需求，潜在需求和表面需求，最终才能找到用户的真正需求。

企业聚合需求方法论

在 C2B 商业模式中，必须有 C 端足够多的精确数据，才能更好地反作用于 B 端，促进供应链的优化、升级。

当下，C 端数据不够丰富成为不少企业实现 C2B 定制生产的障碍。能否争取到流量、能否赢得一定数量级的用户，成了 C2B 模式能否顺利实施的关键。

那么应该如何聚合 C 端需求呢？特别是那些不具备互联网基因的传统

企业，连接用户的能力比较弱，又该如何聚合 C 端需求呢？

1. 社交沟通汇聚需求

至今，人们仍然在传颂和效仿小米的创业神话，而小米的成功离不开 BBS 社区——米柚。通过米柚社区聚拢起大量的“米粉”，他们出主意、想办法，将自己的诉求直达小米总部。可以说，小米的产品在很大程度上是粉丝们的智慧结晶。

在微博盛行的时代，微博营销曾是最酷的一件事情，快看漫画、江小白白酒都是通过微博营销“一举成名”的。如今，微信公众号的风头有取代微博之势，直播更是如燎原之火。伴随传播与沟通方式的日新月异，传播与沟通效率也在一步步提升。

企业可以借助这些比较火的社交平台，聚拢自己的铁杆粉丝，并且逐渐把用户引流到自有平台上去。这样，就能获得真实的用户和用户信息、数据，同时也能避免“为他人做嫁衣”的尴尬。

2. 不可忽视线下体验

纵然网上有各种合法与非法的博彩，但去拉斯维加斯赌城的人依然如过江之鲫。身临其境的现场体验是虚拟世界所无法取代的，美国富翁丹尼斯·蒂托和南非商人马克·沙特尔沃斯想体验一下太空旅游，为此他们每人支付了 2 000 万美元的天价。

在用户看来，真实的体验比简单的商业交易更有吸引力，他们愿意为此付出额外的金钱。越来越多的消费者渴望得到体验，越来越多的企业精心设计与销售体验。从工业到农业、旅游业、商业、服务业、餐饮业、娱乐业（影视、主题公园）等，都开始涉足体验经济。互联网企业当然不甘落后，如 IBM 开设数百家体验店，联想集团投入重金开设体验店，以苹果手机为代表的智能手机行业的体验店更是遍地开花。

苏宁是线上线下融合的典型。2012 年，苏宁收购了垂直母婴品牌电商红孩子之后大力布局线下。苏宁红孩子的高管曾这样说："实体店是 O2O 模式推进和深化的重要渠道之一，对于成立将近 11 周年的红孩子来说，除了不断拓展和丰富服务品类，借助苏宁线下资源，完善线下服务和体验功能至关重要。"

3. 聚合需求的捷径——众筹

传统模式中，一款产品是否推出，取决于前期的市场调查。但依据这种调查形成的决策仍然属于企业的主观判断，这导致一些产品生产出来之后并没有取得预期的销量。众筹模式改变了这一状况：众筹的前期投入的成本并不高，还可以带来一部分资金。如果用户反应热烈，企业就可以放心地加大投入；如果情况没有预想的乐观，那就及时调整策略，降低了试错成本。

以前开演唱会，时间、地点、票价都是由主办方决定，粉丝们并没有决定权。如今在众筹平台上，粉丝们也可以加入到演唱会的策划与制作中：在哪儿举办，唱哪些歌……对于粉丝们来说，能够亲身参与并且决定偶像的演唱会是再幸福不过的事情了。

歌手宋冬野在 2013 年的全国百城巡演就是通过众筹完成的，民谣歌手周云蓬在 2014 年也在众筹平台上为自己的新专辑巡演筹集到了资金。众筹演唱会给了歌迷们“私人订制”的权利，比如和艺人通话、对唱，这些个性化十足的需求只有在 C2B 模式中才得以实现。

相对于流行乐坛的大牌歌星来说，这些民谣歌手开演唱会的风险是很大的，因为他们不知道究竟有多少观众喜欢自己的音乐并愿意埋单。而通过众筹方式则不同了，在网络众筹平台上将天南海北热爱民谣的粉丝聚合在一起，歌手可以根据众筹的结果选择在哪里开、开多少场、开多大规模的演唱会。

应用网络平台，即时搜集消费者需求

有人说，电商一定要平台化才能做成功。为什么电商要平台化？主要原因是互联网让用户与企业更容易实现零距离对接，用户不再通过中间商、代理商、广告商之类的中间环节，而是直接在网上与企业接触。也就是说，用户完全可以绕过电商与企业直接联系。

C2B 的载体——网络平台

很多靠垂直电商起家的公司，现在都在向平台化发展。例如美乐乐曾经是家具行业第一个独立的 B2C 型电商，也是一个非常成功的垂直家居电商，月销售额达 2 亿元。但在几年前，美乐乐开始开放平台，从垂直电商转型为平台电商，让其他家具品牌进驻到美乐乐家具网的平台。

> 美乐乐的最大举措就是不断升级的 O2O 开放平台战略：在线上，喜临门、利豪、宜华木业等数十家国内知名家居品牌先后入驻美乐乐电商平台；在线下，美乐乐在 2014 年启动线下大店计划，首家超 5 000 平方米家居广场落户成都。

美乐乐家居线上平台和线下体验店相结合的 O2O 模式，对于即时搜集并满足用户需求提供了渠道，用户的所有意见、信息都可以快速、准确地反馈到平台，这种 O2O+C2B 的模式极具市场竞争力。

中国电子商务的发展经历了 C2C、B2C，现在正向 C2B 演进。在这个过程中，应用网络平台起到了非常重要的作用，无论是聚合需求还是个性化定制，用户都是通过平台表达诉求并通过平台进一步的沟通、交流，形成最终的消费行为。可以说，平台是 C2B 的载体，离开了应用网络平台，C2B 将很难实现。

即时搜集需求，即时满足需求

一种新的被称为“即时顾客化定制”的制造模式引起了很多企业的重视，其独特之处在于：只要顾客提出个性化需求，商家就能立即交付符合其需求的产品。传统的手工定制模式可以充分满足用户个性化需求，但是交付时间长、效率低，成本高昂；工业时代的标准化大生产可以满足顾客对快速的需求，但不能生产个性化产品。建立在即时需求、即时满足基础上的“即时顾客化定制”，很好地吸收了两者的优点、摈弃了两者的缺点。

日本丰田公司是最早应用“即时顾客化定制”的企业，也是这一生产理念的受益者。丰田运用 OTD（订单到配送）系统，改变了以往的“库存＋计划推动”的生产方式，变成了“订单驱动型”生产方式，大幅度缩减了 OTD 时间，提高了生产效率。

“即时顾客化定制”这一生产方式很快在汽车制造行业推广开来。欧宝汽车实行这一生产方式之后，库存从 30 万辆减少到 18 万辆，订单比例从 45% 提高到 70%，OTD 时间从 44 天缩短到 20 天；三菱汽车库存时间则从 161 天减少到 39 天，OTD 时间缩短了 75%。

要实现“即时顾客化定制”，关键在于企业能否即时搜集需求并予以满足。需求信息的即时性反馈和满足，可以极大地提升顾客满意度。试想，如果顾客下了定制订单，过了几个月产品才能送到手中，那么无论当初多么喜欢，经过这样漫长的等待，其体验也会大打折扣。因此，即时搜集信息、反馈信息并形成实际生产，是企业吸引用户的一大亮点，也是企业在 C2B 之路上获得竞争优势的保障。

第6章

功能延伸

C2B 的新面孔

进入 21 世纪的第 2 个 10 年，C2B 商业模式正在以各种各样的新面孔走进大众视线。其中，有“网红猫”之类的逆向要约型模式，有砍掉所有中间环节的 C2M 模式，有 O2O 与 C2B 结合的模式……这些模式背后，都基于一个共同的商业逻辑：作为用户的 C 端，他们的需求才是决定市场的根本力量。

让消费者给产品出价

C2B 商业模式正在渗透进商业流程的每一个环节，在定价上也可以 C2B：由用户为产品出价。这种令人耳目一新的模式受到了不少年轻用户的喜欢。

C2B 要约模式探究

C2B 要约模式也称买方定价，就是将销售方与购买方的传统位置调换，由购买方发出要约，包括具体的商品需求和价格需求等要素，然后由销售方决定是否接受要约。如果销售方接受了用户的要约，那么就意味着买卖双方交易成功；否则，交易失败。

Priceline 是 C2B 要约模式的典型例子。Priceline 创立于 1998 年，主要为用户提供租车、机票、酒店、旅游保险等服务内容。从本质上讲，Priceline 相当于一个信息平台，连接了供需双方，Priceline 收取一定的佣金。截至 2013 年年末，Priceline 总预订额达 391.73 亿美元。

具体交易流程是这样的：用户在 Priceline 上发布自己需要的旅行要求，比如出发时间、离开时间、目的地、机票的舱位、酒店的星级、愿意支付的价格等内容；Priceline 接到用户报价后，从系统中搜索与之匹配的供应商，然后让商家决定是否接受用户指定的报价。用户只有在被接受以后才知道提供服务的商家名称，如果用户不满意，Pricelin 会引导用户调整报价或者要求来增加匹配成功的概率。Priceline 特别有优势的是酒店和机票预订，用户在 Priceline 预订比在其他网站便宜 10% 以上。

归纳起来，C2B 要约模式具有以下两个鲜明特征：

1. 需求优先

用户需求在先，商家在知晓用户的需求之后才做出相关的生产或销售决策，这样有利于商家按照用户的具体要求进行原材料的采购、组织生产、确定库存等经营活动，从而大幅度降低相关成本。

2. 灵活机动

平台方可以利用社会的碎片化资源或企业闲置资源完成一些零星业务，也可以借助企业完成大的订单，用灵活机动的方式满足买方。

最后，需要强调的是：在 C2B 要约模式中，平台、商家和用户都要享受到利益，只有一方获利的模式是无法长久运行的，商家不会做赔本的买卖，用户也不会长期被价格所蒙蔽。做不到多赢，也就失去了要约模式的意义。因此，对于平台来说要约形式的规则设计非常重要：如何以高于产品成本一定区间的价格销售产品；如何保护好付出溢价较多的用户，给予他们更好的用户体验；如何安抚多次要约失败的用户，引导他们要约成功……这些都是要约类平台得以生存发展的前提。

“网红猫”试水 C2B 要约模式

自古以来，商品的定价权都掌握在商家手里，消费者充其量只能在一定程度上讨价还价。但在一切皆有可能的 C2B 时代，什么都可以颠覆。既然可以由用户决定产品的款式、外观、材质、功能，那么价格为什么不可以由用户来决定？

2015 年 12 月，“世界互联网大会”在乌镇隆重召开，会上自然是互联网大佬云集。创立不到 1 年的“网红猫”创始人赢得了和马云、马化腾、李彦宏、雷军、刘强东等人同台亮相的机会。

“网红猫”仅仅是一个微信运营号，但其价值却让所有人为之咋舌。2015 年 3 月 31 日，“网红猫”在京东股权众筹平台上线，出让股权的 10%，成功融资 1 000 万元。也就是说，这个服务号的估值为 1 亿元。一个服务号凭什么具有如此高的估值呢？

当然是其背后的 C2B 运营模式了。“网红猫”实行的是逆向定价：商家在公众号平台上发布商品让用户出价，之后再公布一个合理的价格区间，出价在这个价格区间内的用户将购得该商品。

价格由 C 端的用户决定，“网红猫”的 C2B 模式颠覆了国内现有电商平台售卖模式，让用户不但拥有购买与否的选择权，还拥有多少钱购买的定价权。这种模式有如下几个优势：

1. 节约交易成本，提升交易效率

用户在海量商品里寻找、对比价格再做出购买决策，非常浪费时间，而自主定价节约了时间，提高了购买效率。

另外，由买家提出商品名称和价格，商家只决定自己接受与否，这为商家节省了讨价还价的时间成本和人力、物力等交易成本，从而达到卖家与买家的共赢。

2. 娱乐性增加，粉丝创造效益

在“网红猫”平台上，居于主导地位的商品是一些 3C 数码、动漫及电影周边限量版产品。如网红叮当先生与迪士尼漫威一起推出的钢铁侠，以及海贼王正版万代 MH POP、艾斯十周年限定版、哆啦 A 梦蓝色波普旅行箱等动漫系列产品；苹果手机、Macbook 12 英寸超薄本等高端数码产品；无人机、机器人等智能产品。

这些商品深受年轻的 93 后、00 后小众群体所喜爱。这个群体虽然小众，但是属于成长中的潜力股。他们对兴趣的痴迷和投入程度，以及从而衍生的购买力令人吃惊。对于价格，这个群体往往并不敏感。再加上“网红猫”的运作方式极具参与感和互动性，非常合 93 后与 00 后的胃口。

3. 数据的汇集

人多的地方就有江湖，数据集中的地方则蕴含着一个巨大的宝藏。“网红猫”上聚集的用户越多，吸引进驻的商家也越多。对商家来说，进驻“网红猫”相当于免费推广，此外还可以获得用户对产品的购买意向、需求和心理价位等数据。这些数据越多，越有利于产品设计和产品创新。因此，与销售所获得的收益相比，数据的汇集能让商家与“网红猫”获得更多的商业利益。

4. 促使产业链自我迭代

“网红猫”平台可以将用户的需求真实而准确地反馈给商家，也就是说，商家在决定出售之前已经确切知道了产品的价格、用户对产品性能的要求以及需求量的多寡，这样商家就可以调整生产计划以节约成本，实现效益最大化。

引入 KOL 理念的“网红猫”C2B 3.0

在当前中国的市场营销中，价格仍然是最能撼动人心的因素。“网红猫”由用户决定产品价格，是不是太冒险了?

一般来说，用户肯定希望以更低的价格获得更好的产品。但大众的消费心理并不是越便宜越好，而是更在意这个产品买得值不值，也就是性价比是否合理。例如 ZARA 时装和小米手机都是以性价比取胜的经典案例。

由于出价信息保密，“网红猫”平台的消费者出价各不相同。如果你想捷足先登拥有一款新产品，出的价格可能较高；理性的人可能出的价格比较适中；那些经济不宽裕但是也想获得产品的人可能出价较低。形形色色的用户构成一个生态圈，尽可能达到皆大欢喜的结果。

在某种意义上，“网红猫”有几分像古时候劫富济贫的侠客。一方面，通过“土豪”和“草根”们的不同出价，变相地用“土豪”的钱来补贴“草根”；另一方面，“网红猫”站在用户这一方，让商家不再强势。

“网红猫”之所以吸引年轻人的另一个原因是好玩，让用户拥有决定权本身就很酷，很有吸引力。用户体验是一种很奇妙的东西，尤其是正在成长的年轻一族，他们喜欢新鲜有趣的玩法，喜欢标新立异的商品，喜欢交流互动，喜欢掌控一切的感觉。“网红猫”C2B 的买家出价模式有力地抓住了年轻人的心理。

2015 年年底，“网红猫”升级为“C2B 3.0”引入了“KOL 生活方式集合地”理念，通过网红汇集各个社交网络中的粉丝用户，并请来汪小菲作为发布会嘉宾。在“网红猫”移动端页面的各个商品类目下，KOL 占据了大部分首页。“网红猫”力图将 KOL“合伙人化”，通过 KOL 赋予品牌形象，深耕品牌内涵。这样的合作方式对于平台方和渠道方都是一种有益的尝试。

在经营模式上，“网红猫”基于 KOL 的基因，将群体需求归纳提取，为 B 端提供“群体需求先知”的特色服务。在产品形态上，则着重打造调性化产品，以规避传统电商产品同质化风险。

引入 KOL 的“网红猫”不同于常规的拍卖网站，并没有走奢侈品路线，而是推出了一些独具匠心的生活产品、艺术延伸品。如中国艺术家展望创作的艺术定制版 iPhone 6 Plus 手机“北斗七星”在“网红猫”发布后，吸引了腾讯创始人马化腾来出价，中国企业家俱乐部理事夏华等嘉宾也对此表示出浓厚的兴趣。这意味着“KOL 生活方式集合地”

的概念正在被潮人群体所接受。

迭代后的“网红猫”，其版块划不再是传统的按照商品品类划分，而是以兴趣和圈子划分。这样就能够让消费者更快地找到属于自己的圈子，让志趣相投的人聚集在一起玩，边购物边分享边交流。实际上，这更像是移动互联网社群思维与 C2B 商业模式的结合。“网红猫”通过 KOL 将用户划分为天然的社群，由社群 KOL 凝聚用户构成若干个生活方式共同体，由此解决了一般 C2B 模式中的用户分类难题，再透过 KOL 的影响力驱动市场扩张。

目前，除了“网红猫”以外，在旅游行业的去哪儿和携程也在尝试由用户定价的 C2B 模式，第一个应用场景设定在低价获取机票。伴随更多具有创新精神的企业的介入，C2B 模式必将日益完善、流行。

C2M，没有中间环节的 C2B

C2M 实际上是 C2B 商业模式的一种，其中的 M 是指工厂（Manufactory）。工厂直接面向用户，按照用户的需求组织生产。因为没有任何中间环节，其流通成本、库存成本会大幅降低，资金回笼慢的难题也能得到根本性解决。传统企业转型为 C2M，需要进行一场脱胎换骨式的变革，向全面现代化、信息化、数据化升级与改造。

渐成潮流的 C2M

在传统的生产方式里，工厂负责生产商品，并不直接面对消费者。商品从工厂到用户，流通环节少则五六个，多则十几个，层层加价，一件成本只有几十元的商品最终到达消费者手中的价格会达到数百元乃至更高。多数情况下，分销商还存在赊欠现象，一级一级回款，周期漫长而且不可控。

此外，库存问题也是每一个厂商的心头大患。以服装市场为例，中国服装市场的库存约为 4 000 亿元，够在市面上卖 3 年。如果某款产品销售欠佳，厂家往往是最后一个得知信息的，信息从终端一级一级往上传导，然后退货一级一级往上传递，结果厂家的库房堆满了滞销产品。

而 C2M 模式的优势在于：一是彻底消灭了库存，企业根据订单可以实现零库存生产；二是去除了所有中间环节，大幅度节约了成本，也相应降低了商品的价格；三是回款率百分之百现款、及时，资金周转率大幅提高。

由用户驱动产品、数据驱动制造的 C2M 方式不失为传统企业转型升级的优选模式。“必要”是一家定位于连接消费者和生产制造企业的 C2M 平台。2015 年 7 月，“必要”正式上线，其创始人是前“乐淘网”的掌门毕胜。

服装行业的售价和成本差价悬殊，厂商的利润空间非常有限，这是因为库存严重和中间环节过多所造成的。例如男性服装品牌海澜之家的库存周转天数约为 344 天，美邦为 150 天，百丽为 177 天。

毕胜决定把小米的高性价比打法复制到服装行业。他说要让消费者用白菜价买到奢侈品。“把 Prada 品质的女鞋做到 299 元，把 NIKE 品质的运动装备做到 239 元，把 3 000 元的眼镜做到 199 元。”毕胜说。“每个人都需要高性价比，品牌其实没那么重要，当你能用 200 块钱买到几千元的奢侈品时，你还会在乎它上面印的是谁的 Logo 吗？”

“必要”成立后，毕胜四处招兵买马，说服那些奢侈品代工厂加入其平台。“必要”对生产商的要求非常严格：首先，要有为一线品牌服务的资质；其次，要接受“必要”的报价思路；第三，要有柔性制造链。对生产商来说，有柔性制造链才能高效地响应 C2M 订单，而一条柔性制造链的投入成本大约为 3 000 万 ~ 5 000 万元。

毕胜确信“中国制造还有五年时间”，那些有危机感和远见的制造商会成为他的忠实盟友。如今“必要”已经确定了六家符合要求的合作伙伴入驻“必要”平台，并上线了衣服、眼镜、箱包、配饰、鞋子等几个品类。“必要”上线以来，用户转化率高达 7%，流量主要来自口碑传播。可以预见，“必要”的 C2M 模式在未来大有可为。就像红领集团常务副总裁李金柱所说的：“当阿里巴巴在说 C2B 的时候，我们已经把 C2M 做了。”“必要”的出现，使得 C2M 不再是某家企业的做法，而是渐成潮流，这对于推动 C2M 的进一步深化和发展具有非常积极的意义。

C2M 与 C2B 的区别

C2M 与 C2B 的区别，简而言之，就是 C2M 的选择更多、中间环节更少。

在 C2B 模式中，用户先参与网络平台发起的定购活动，当订单达到一定规模后，平台再与厂家联系进行相应的定制生产。在 C2M 模式中，产品的“个性化”特点更为突出，定制的内容也从工业产品向服装等生活用品转变。

表面上看，C2M 产品的生产成本要高不少，因此售价肯定不低。但是，因为 C2M 去除了中间环节的加价，两相抵扣之后的售价并不高。

事实上，不少 C2M 产品的售价比大众化生产的产品还要低。特别是在服装行业，层层加价之后，售价往往是出厂价的数倍、数十倍，而 C2M 产品的售价只是生产成本加上平台的服务费用，反而更加便宜。

从 C2B 到 C2M，看起来只是一个很小的变化，实质上是一次思维方式、生产方式的大革新。不过，C2M 模式虽然有其独特优势，但仍有不少问题需要寻找对策。

首先，C2M 适应产品品类较少，规模难以做大。C2M 生产方式要求厂家的柔性化生产链与之相适应，但并不是所有产品都能够实现个性化定制和柔性化生产。在 C2M 模式中，保障品质才能保持企业的长远生命力。而要保证产品的品质，就要坚持少而精的路线。例如在“必要”平台上，就只有眼镜、运动鞋服、皮鞋、箱包、首饰等 7 个品类的 32 种商品，所提供的商品品类远远少于其他电商平台。

再者，C2M 产品的生产周期比较长。因为企业是在用户下单之后组织生产的，因此需要一定的生产周期。例如“必要”的定制产品生产周期从一周到一个月不等，运动鞋的定制周期比较短，大概要一周时间，而旅行箱、手工皮鞋的定制周期要将近一个月。如此，用户实现定制化的喜悦很容易被漫长的等待所消磨殆尽，C2M 生产方式的低效率会在一定程度上影响到用户体验。

以上这些问题，还需要在积极探索中去改善与解决。

第7章

C2B模式

在团购上的探索

传统的团购大多是以超级优惠的价格吸引消费者，让“剁手党”禁不住低价的诱惑而下单。然而在买了一堆并不实用的产品或服务之后，用户的消费行为变得日趋理性，市场被个性化、差异化的消费潮流所占领。在这一动向之下，团购 C2B——逆向拍卖模式为身处困境中的团购网站注入了新的生机与活力。

一位买方和众多潜在卖方的拍卖狂欢

自 2010 年年初我国第一家团购网站上线以来，到 2011 年 8 月，我国团购网站的数量超过了 5 000 家。经过大浪淘沙的竞争，到 2014 上半年团购网站数量仅剩 176 家。其中，美团、大众点评和百度糯米占据了 84% 以上的市场份额。

“千团大战”的硝烟散去，幸存者仍在谋求新的出路：有的专注于细分产品、细分人群或本地区域市场，有的致力于数据分析与信息聚合，有的将团购与其他模式进行糅合……其中，由商家提供闲置资源，用户确定价格的逆向拍卖模式大受欢迎。一方面，它可以深度满足用户需求；另一方面，可以让商家以更经济的方式获得更多的利益。

团购的红海如何突围

传统的团购模式是规模经济的写照，团购网站上汇集了众多的商家和买家，当买家聚集到一定数量时，就能够以极优惠的价格获得商品和服务。

从商家的角度来讲，商品虽然比零售的价格要低不少，但因为购买者多，薄利多销，一样可以盈利。此外，还有一种“赔本赚吆喝”的商家，他们出售商品并不是要从中获利，而是意在推广，聚集潜在的目标用户，以较低成本将他们带到店内体验，通过体验将他们转化为忠实用户，这比做广告的效果精准多了。

总之，通过团购，用户得到了真正的实惠，商家获得了收入和客源，团购网站赚取了佣金，一举三得。正是因为这样，团购模式在诞生初期发展得极为迅速。

2008 年 11 月，美国网站 Groupon 的上线开启了一个新的商业模式——团购。2010 年，团购被引入中国，迅速引爆消费市场，但也让这一行业成为竞争焦土。“千团大战”，血流漂杵。

到了 2014 年，团购市场进入了一个“胜者为王”的阶段：排名前 5 的团购网站垄断了 99% 以上的市场份额。即便如此，“胜者”的日子依旧不好过，团购网站都掉入烧钱的无底洞，长期游走在盈亏边缘。2015 年 10 月，美团和大众点评不得不选择合并，抱团取暖。

整体来看，在经历了烧钱游戏、资本泡沫、巨头入局等一系列变故之后，团购市场正在经历一场裂变，如今的团购市场整体走下坡路的原因主要有以下两点：

1. 准入门槛低，同质化竞争严重

团购网的本质仍然是买卖双方交易的一个平台，商业模式简单，只要找到一定的投资，谁都可以操作。各个团购网站页面设计都如出一辙，无非是“今日团购”“往期团购”“玩转某某团”“常见问题”等栏目。这样的网站，技术门槛和资金门槛都很低，模仿成本非常低廉。团购的内容也非常相似，集中在餐饮、酒店、娱乐、美容等品类，因为这些商品的经营者更希望通过团购来打开知名度。无论从商业模式、网站设计还是经营内容来看，团购网的同质化都非常严重。

2. 团购模式本身有缺陷

团购网站面临的困境与其自身模式上的缺陷也是分不开的。对于商家来说，希望通过团购吸引客流，而事实上团购带来的用户转化为忠诚用户的比例并不高；对于用户来说，低价商品虽然价格诱人，但实际的体验并不好。更重要的是，团购网站的商品信息都来自商家和团购网站的单向推荐，并不能精准契合消费者的需求。

团购 C2B 中的逆向拍卖

所谓逆向拍卖也称为反向拍卖、反向出价，是指一种由一位买方和众多潜在卖方构成的拍卖形式。在逆向拍卖中，买方会提出商品的需求信息，由卖方应价，更多的潜在卖家可以持续给出低价，直到不再有卖方喊出更低价为止，买方有权选择其中的一位卖方进行交易。

逆向拍卖的特点或者说是优势，有以下两点：

1. 买方的需求得到更大满足

传统团购网站所提供的商品或服务，如“4 折激光脱毛”“半价婚纱照”之类的团购，当然会满足小部分人的需求，但对更多人来说形同鸡肋。而逆向拍卖将团购的方向逆转了，由商家根据用户提出的需求来提供团购商品或服务，用户的满意度会直线提升。

2. 帮买方省钱

传统的拍卖形式是一个卖方，多家买方，买家出价，持续喊高，而逆向拍卖恰恰相反，是买家的主场，卖家持续喊低。这种玩法不仅具有趣味性，还可以帮买家省钱——特别是心理感觉上是在省钱，而买方竞价时总感觉在多花钱。因此，多数买方会乐于参与逆向拍卖。

由此可见，逆向拍卖是把买方的需求和利益放在第一位，更能调动起买方的热情。那么，这种方式对于商家，也就是卖方的利益点在哪里呢？逆向拍卖对于商家的利益点和 C2B 模式是一样的，以需求定供给，一方面节约了库存成本，另一方面获得了用户的数据信息以指导、改进自己的生产经营。而且当团购用户积累到一定数量时，卖家会在经济上有直接收益。对于竞拍失败或因竞拍导致亏损的商家，也等于做了一次精准广告。对于团购平台来说，促成的团购项目越多，收益就会越大。

无论从哪一方面来讲，逆向团购非常符合当前的经济形势和市场环境，更有助于实现消费者和商家的利益最大化。因此，近期各类逆向团购平台如雨后春笋一般涌现出来。

当前的团购逆向拍卖模式主要有以下三种：

1. 一般逆向拍卖模式，以时间成本换取价格优惠

C2B 模式的特征是以用户需求驱动商业行为，团购平台也是如此，用户提出某个团购项目，当用户达到一定数量，商家有利可图，就会来响应用户的需求。相当于用户用自己的时间成本换取价格上的优惠。

美国的 Loopt 公司推出的逆向团购 U-Deals，是一款基于位置服务（LBS）的逆向团购平台。在这个平台上，用户可以查看附近愿意提供团购服务的商家，然后进行选择，并按自己的需求发起一个团购需求。如果该团购项目能够获得足够多的支持，那么 Loopt 就会与商家联系，在中间协调、沟通，促成该笔团购的成功。

参与 U-Deals 团购项目的用户越多，团购项目成功的可能性就越大。虽然从用户提出团购项目到最终的确定，以及企业组织生产，都需要一定的时间，但是能够以优惠的价格获得深度符合自己需求的商品，还是会有部分用户选择等待。

2. 能快速反应的逆向拍卖

部分用户愿意等待，但还是会有一部分用户希望及时得到商品，这也属于一种个性化需求。这种需求即便在比例上不大，但绝对数字并不小。为了满足这部分用户的需求，出现了能快速反应用户需求的逆向拍卖形式。

美国科罗拉多州的自助逆向团购网站 SoBiz10，在提高团购效率上为同行做出了很好的表率。在 SoBiz10 平台上，从商家注册到用户提交团购意愿再到交易完成，整个过程均实现了自动化，操作简洁、效率极高。用户提交团购请求后，系统会迅速反馈，将需求传递给商家。在时间上，SoBiz10 平台有一个规定：只要收到需求提醒，商家就必须在 48 小时内做出回复。如果团购成交，参与团购的用户也会立即收到通知，并通过 SoBiz10 的支付系统完成支付。

3. 融入社交属性的逆向拍卖

有的逆向拍卖团购平台开始融入社交属性，这不仅可以让用户在互动交流中提升体验以及增加对团购平台的黏着度，还可以促成更多的团购项目。

> 美国的 Ringleadr 是一家提供逆向拍卖团购服务的平台，该平台推出了 Leaderboard 功能。通过这个功能，用户可以互相关注，当某一用户发起新的团购或是加入某个团购项目时，关注他的用户就会收到提醒通知，以免错失自己感兴趣的团购项目。

此外，前面提到的 SoBiz10，其用户和商家也都拥有自己的页面。SoBiz10 最初的设想是要搭建一个以团购为辅的社交网络，因此社交元素随处可见。在 SoBiz10 上，商家可以借助自己的页面推广商品，用户也可以在上面发表即时评论，并与其他用户交流。

在 2010 ~ 2011 年的团购创业大潮中，国内的逆向拍卖团购网站有我想团、有这店、举手网等，但是他们都没有活着走出千团大战。

一种新兴商业模式的出现，总是需要不断试错。国内逆向团购网站的集体阵亡，其原因与当时的外部环境有不小关系：移动互联网尚未普及，用户还处于一味贪图便宜的阶段，个性十足的 93 后最大的也还在读大学。现在的情势已经反转，C2B 逆向团购中大有商机。

价值观趋同人群的 C2B 逆向团购

大众所熟悉的团购网站都是综合性的，家装、餐饮、服饰、娱乐，等等，可谓无所不包。团购网站之所以求大求全，是希望张开大网“捕获”更多用户，但这样难免陷入了同质化竞争的泥淖。尤其是在 BAT 这样的巨头入局之后，中小型团购网站受制于资本与资源的短板，生存环境变得尤其艰难。破解之法是专注于某一个垂直领域，将其做深做透，打造出核心竞争力。

垂直市场成团购新方向

近年，主流团购网站纷纷被电商巨头纳入战略布局：满座网被苏宁云商收购，拉手网被三胞集团揽入怀中，糯米网被百度直接纳入版图，大众点评网在 2014 年进入腾讯的战略框架，又于次年与美团合并……获得资本支持的团购网站又开始了新一轮的火并。

为了在大战中减少伤亡，不少团购网站开始缩小战线，通过市场细分专注于某个垂直领域。一般来说，市场细分的手段有如下几种：

1. 产品细分

唯有专注，才能专业。当企业把时间、精力以及资本都集中在某一类产品上，其产品品质与用户体验肯定比分散经营要好。团购网站也是如此。在团购常见的餐饮、服饰、家装、化妆品等领域，如果只专注于其中一个品类，就可以集中全力整合线下资源，提供更高品质、更低价格的团购商品，吸引更多热衷团购的用户。

2. 地域细分

做企业，本地认同感很重要。比如东北的老村长酒、河北的衡水老白干，这些酒到了外地也许没有太大影响力，但是在本地却家喻户晓。获得本地用户的认同之后一点点打开销路，闻名天下也不是没有可能，例如北京的二锅头就成功地从地方酒变身全国名牌。一些没有足够能力进行全国推广的中小型团购网站，没有必要一开始就定位于全国，完全可以立足于三、四线小城市，集中精力走本地化、特色化的道路。

3. 人群细分

互联网时代人以群分，基于职业、兴趣爱好、年龄、性别等不同维度，具有共同点的人群往往有着相似的消费倾向，因此针对不同消费人群的垂直团购网站往往会因为定位清晰而更加容易开展业务。有一家经纪人团购网，定位于全国的房地产经纪人，该团购网经常会提供一些专业特征比较明显的产品或服务，比如专业书籍、专业培训课程、专用工具、专用软件，生意非常火。

在综合性团购网站面临困局的时候，专注于垂直领域的团购网站从产品、地域、人群等不同维度切入，线下能整合更优质的资源和更专业的商家，线上能为用户提供更精准的团购商品和服务。这种打法能让团购网获得了新的生长力量。

当垂直团购遇上 C2B 与社群

传统团购方式最吸引用户的就是价格，用户看到让人心动的价格就会冲动下单，而实际团到的东西往往事与愿违，团购的产品与服务很难得到品质保证。当网站聚焦于垂直领域，意味着和专卖店一样专业，更有品味，质量也更有保障。如果进一步导入 C2B 逆向团购，一切围绕用户的需求层层展开，那么无疑将打造出自身独特竞争力。

对于团购网站来说，忠诚用户的数量是事关生存的关键。而垂直社群是培养忠诚用户的沃土，为团购注入社群属性也成为团购发展的一个趋势。C2B 逆向团购如果建立在价值观趋近的社群之上，更有利于深度挖掘用户需求。例如一群减肥人士聚集在一起，那么与减肥有关的食品、药品、器械的需求量就会很大，当大家都提出对某个产品的需求后，团购平台可以与商家谈判，以更低的价格拿到更好的商品。

因此，当垂直团购碰上了 C2B 与社群，神奇的“化学反应”就出现了：基于用户有深度的、专业性的需求，小而精的团购平台就有了逆袭的机会；另一方面，有共同需求的人群更容易形成社群，有利于小型团购平台培养忠诚用户。

2016 年 7 月，C2B 拼团社交电商“拼多多”宣布完成总额为 1.1 亿美元的 B 轮融资。与传统团购不同，“拼多多”上的团购是由用户发起的。用户通过发起，和朋友、家人、邻居、同事一起拼团，从而享受更低折扣。这种由 C 端发起的“熟人组团拼价”模式，不仅受到了用户追捧——成立一年就拥有 2000 万付费用户，还受到了资本市场的青睐。

团购的数据挖掘与聚合

伴随着团购网的涌现，逐渐出现了信息聚合模式的企业，比如团购导航、团购网站 App 等，一方面它们可以帮助用户更便利地选择团购商品，另一方面也可以为商家和第三方网站提供多种多样的数据服务。

团购的大数据时代

传统的团购打法简单粗暴，一靠价格，二靠广告。团购之所以流行开来，与其超低的折扣价以及广告轰炸是分不开的，但是当行业发展到一定阶段，单纯的价格战就不适合了。所谓“价格战中无胜者”，不用说落败者，即使是占上风的也只是手握资本市场的钱在赔本赚吆喝。做广告的确是吸引客流最直接的方法，但在团购“三分天下”的格局之下，广告的投入大、转化率低，效果并不理想。

如今，一些团购网站频频在数据分析上发力，通过对 C 端的数据收集、分析和深度发掘，调整自己的经营策略，从而走上了健康、理性的发展之路。

电子商务的特点之一是便于用户信息的采集。雁过留声，用户在团购网站上发生的所有行为，如搜索、浏览、比价、打分、评价、加入购物车或者从中删除、使用优惠券、退换货，等等，都会留下痕迹，也就是数据。如果把这些数据全部整合起来，对网站方的参考价值非常大。

大众点评是一家大型的 O2O 团购网站，也是一个大数据网站。大众点评经营十余年来已经积累了超过 4 200 万条评价信息，超过 1 000 万个商户信息，1.8 亿用户的移动数据。大众点评网站每个月产生的内容高达百万级。

随着越来越多的用户进行点评，平台逐渐积累了海量的商家和用户两方面的数据，例如商家的地址、商品、环境、服务，用户的特征、消费习惯等。这些数据满足了数据应用的基本需求。

目前大众点评数据应用分为三类：一是商户通，主要为商家提供服务，比如点评管家可以帮助商家分析经营行为、用户特点；二是为用户决策提供服务，比如大众点评指数等；三是为行业发展提供参考，比如餐饮行业风向标等。总之，随着用户数据的丰富，大众点评可以为用户提供越来越智能和贴心的服务，从而也得到了越来越多用户和商家的认可。

具体来说，大数据在C2B团购中的主要应用有以下三个方面：

1. 促进渠道优化

C2B团购模式首先要收集用户需求，达到一定数量后再由团购网站联系合适的商家。在这个过程中，团购平台相当于一个大数据平台，其重要意义在于收集和整合各渠道的商品、用户和业务数据，在此基础上进行分析、挖掘和应用。团购公司可以通过数据了解到哪些商品最受用户欢迎，进而决定与哪些企业合作。供应商也可以根据团购网站的数据组织商品的生产和流通，从而提高效率和效益。

2. 助力精准营销

大家都收到过推销短信或广告邮件，很多人根本就没有兴趣打开。互联网时代的广告推广无处不在，人们对于广告基本无感，他们只对那些和自身生活密切相关或正好需要的东西感兴趣。因此，通过大数据对用户消费行为进行分析，继而进行精准营销，能够有效提高推广的转化率。

此外，传统广告造成的冲动型消费者居多，消费者根本不关心这个团购网站叫什么，常常是看到适合的商品和价格就点击进来了。这种销量会随着广告的减少而减少。一个团购网要长远发展，就要塑造品牌，培养忠诚用户，提高重复购买率。而建立在大数据分析基础上的、有针对性的营销可以抓住更多的理性用户，比“广撒网”式的广告要有效得多。

团购行业的信息聚合经济

当用户希望以更低的价格获得同款商品时，团购导航满足了他们货比三家的需求。

2009年，美国的维尼修斯·凡坎蒂和吉姆·莫兰创立了Yipit团购网站。他们非常努力地运营，但每月的独立访问量始终上不去。

到了2010年2月，他们有了一个新的想法：做信息整合，为极速增长的团购产业做导航。Yipit收集了32个城市的400多家团购网站的信息。用户只要登录Yipit，其他团购网站的团购信息便可尽收眼底。Yipit为用户提供定制化服务，当用户指令发出后，Yipit会自动从各个团购网站筛选出最切合用户需求的个性化信息推送给用户。转型后的Yipit上线仅仅三天，就获得媒体、资本和用户的关注和喜爱。

如今的团购导航网站有两种盈利模式：一是从合作的团购网站处获得一定比例的交易提成，例如Yipit每天会给第三方团购网站带去2万用户，其中转化率大约为5%～10%；二是有偿为其他商户或者第三方网站提供数据报告，例如Yipit可以向团购网站提供某一个指定城市当日团购达成的交易信息。

由于大多数用户养成了使用搜索引擎的习惯，在选择团购商品时，不少人都不会直接访问团购网站，而是依靠搜索引擎。这种用户习惯给团购信息聚合类网站提供了发展机会。国内有个知名的团购信息聚合App——团购盒子，打开App界面，首页分别是logo栏、标签搜索栏、分类信息栏、功能按钮栏这四个颜色不同的版块。其中，搜索项提供主菜单的信息搜索、基于地理位置的附近搜索、筛选等功能，方便用户迅速找到所需信息。用户通过团购盒子可以搜索其他团购网站，这给用户在团购时带来了极大方便。

团购导航类信息聚合网站通过聚合用户信息，可以形成大量的、有效的数据，从而为用户和商户提供更多的服务。通过这一模式，用户可以方便地找到理想的商品和服务，商家可以获得更精准的数据来指导生产和销售，其他团购网站可以获得一定的导流，四方一起构建起一个互利共赢的生态圈。

团购行业的高速发展时期是 2010 年前后，那时的社会经济基本面处于发展峰值期，物价指数处于高位，互联网购物方兴未艾，餐饮业百花齐放，无论是购物还是餐饮类的团购网均取得了井喷式发展。

现在回头来看，野蛮生长的团购并不具备可持续性，对商家的伤害很大。同质化的团购只有死打价格战，廉价的背后是利润极低（甚至亏本）。虽然短期内能为商户带来大量客流，在商户新店开业、新产品推广时迅速提升知名度、聚集人气，但长期使用会使商家担心团购导致“品牌损耗”。

“5 年前，中国市场上大概有 5000 家团购公司，今天，只剩下一两家、两三家。我相信 5 年以后，会一家都不剩，变成零家。” 在 2015 年 12 月 5 日中国企业领袖年会上，百度董事长兼 CEO 李彦宏以团购为例，表达了一家企业如果没有创新就会很快消亡的观点。

C2B 就是一个创新。所有的模式只有一个支撑点，那就是让用户更方便地获得超值的产品或服务。随着电子商务的发展，C2B 会被推到顶峰，因为用户需要它，它带来了价值。

第8章

众筹

C2B 模式的实践热土

众筹即大众筹资，是共享金融的一种典型表现形式。它通过互联网众筹平台向社会大众募集项目资金，项目发起人可以是个人也可以是组织。众筹项目多种多样，创业、设计发明、科研活动、艺术创作等都可以众筹。在移动互联网时代，迅速发展的众筹成为了创业者的筑梦平台。

由众所创，激发 C2B 激情

什么是众筹？顾名思义，众筹即大众筹资、群众筹资，是一种依托互联网的大众化融资方式，由筹资人、筹客、众筹平台构成。总体来讲，众筹具有门槛低、多样化、依靠大众力量、偏重创业等特征，是一种向群众募资以寻求支持而发起的个人或组织行为。

众筹与众创

2009 年 4 月，Kickstarter 在美国纽约上线，这是世界上第一个众筹平台。

Kickstarter 的创始人 Perry Chen 是一位音乐发烧友，经常会组织一些小型音乐会。有一次，因为资金问题，一场辛苦筹备的音乐会被迫取消，这让他非常懊恼，从而产生了通过网络向大众募集资金的想法。他说：“一直以来，钱都是创意事业面前的一个壁垒。我们脑海里常会忽然浮现出一些不错的创意，要想看到它们实现，除非你有个富爸爸，否则基本上没有机会真的去做。”为了改变现状，Perry Chen 创办了 Kickstarter。

2012 年 4 月，Allerta 公司的 Pebble E-Paper Watch（卵石电子智能手表）

项目通过 Kickstarter 平台成功筹集了 1 000 万美元，Kickstarter 也因此而获得了 50 万美元的收益。根据 Kickstarter 官方数据，迄今为止，Kickstarter 平台汇集了超过 500 万名赞助者，为 10 多万个项目累计筹资达到 8.37 亿美元，其中成功的项目超过 5 万个。

见 Kickstarter 的发展喜人，国内的创业者闻风而动。2011 年 7 月，国内第一家众筹网站“点名时间”上线。截至 2015 年 6 月 30 日，国内众筹平台达到 198 家，其中以淘宝众筹和京东众筹的表现最为抢眼，仅在 2015 年上半年，京东众筹筹集金额就达到 4.5 亿元，淘宝众筹达到 2.39 亿元。众筹一举成为互联网金融领域的热点，在平台数、融资金额、投资人数上都有了巨大提升。

众筹的蓬勃发展，营造了一片欣欣向荣的创业景象：无数草根创业者通过众筹平台“让梦想照进了现实”；越来越多新颖独特的创意产品通过众筹走进大众视线，走进了人们生活。现在，不少创业者开始习惯通过众筹筹集项目启动资金，众多参与者也乐于通过参与众筹为心仪的项目加油助威。

众筹之所以受到众多创业者的关注和青睐，是因为它相对于传统的融资方式更为开放，也更为便利。中国的创业者受够了银行等金融机构冰冷的面孔、繁琐的贷款流程和严格的审查程序。之后，天使投资人出现了，但是要说服投资人、获得投资可谓“磨破了嘴，跑断了腿”，即使是这样，融资成功的比例还是微乎其微，无数创业者的想法只能停留在想法阶段。可是，有了众筹平台，一切都不同了。

1. 众筹的门槛低

任何人的任何想法和创意都可以通过众筹平台来发布，不论你的身份、地位如何，也不论你的项目属于哪个行业哪个品类，都可以通过众筹来筹集启动资金。

2. 众筹的对象极为广泛

众筹依靠的是社会公众的力量，而不是特定的金融机构或者是投资人。聚沙成塔，集腋成裘，使得资金的募集更为方便，更容易达成目标。

3. 众筹能有效收集信息

众筹的筹客是你的产品或创意的支持者，是你的用户，通过他们的行为来分析项目，可以让项目变得更完美。

人类社会的每一次伟大进步都来源于创新，而创新的落地离不开资金的支持。众筹模式很好地将社会闲置资源与创业者进行了衔接，把大众的资源力量和创业者的创新力量融合在一起，双方都有了很好的释放渠道。此外，除了募集资金，众筹还可以募集人脉、资源、管理等，比单纯的股份制度更加多元化、共享化。

众筹是普罗大众投资、融资的好渠道，是小微企业和创业者的孵化器，是大众创业、万众创新的优质平台，是激发经济活力的动力源。众筹联合众创，会让创业走得更远、更稳。

众筹让 C2B 更简单

2015 年 10 月 23 日至 26 日，首届世界众筹大会在中国贵阳召开，来自世界各地众多行业的机构负责人、投资家、学者、创客们齐聚一堂，共同构建以众筹金融交易为核心的众筹金融生态体系。来自世界各地的 500 多家众筹平台参与了展示，交易总额超过 100 亿元人民币。

无数心存创业梦想的人，因为缺乏启动资金而止步。事实上，如果创业者与投资者都非常确定这个项目是市场欢迎的，是利润丰厚的，那么就不存在融不到资金的问题。但那些 PPT 上展示的美好前景，并不能让理性的投资者轻易掏出真金实银。不可预料的风险太大，让创业者募资困难重重。而运用众筹未融资，可以把风险降到最低，因为众筹本身就是一块试金石，筹客们都是该产品的用户和支持者，能够验证你的产品能否得到 C 端认可。众筹模式把用户与创业者联结起来，将全社会的资源力量与创新力量高效率地匹配，形成了催活经济业态的一股重要力量。

如今，众筹项目几乎涵盖了各种各样的商业活动，筹客们投资的不仅有商铺、房产，还涉足那些与生活息息相关的各种业态。我们似乎可以看到一个非常美好的未来：众筹会深度融入我们的日常生活，不但买房子、买车可以众筹，还可以众筹一顿美食，一场音乐会……事实上，在你还没有意识到的时候，众筹已经开始影响着我们的生活了。众筹做公益，众筹出书，众筹演唱会……《西游记之大圣归来》的成功，就是文化产品众筹的典型案例。

互联网对传统行业的渗透，不只是产品的创新，更是生产模式的创新。众筹实际上也是一种 C2B 模式，通过支持者的反馈和筹集金额的多寡来判断项目是否具有可行性。虽然参与投资的筹客并不是百分之百的消费者，但是他们是产品或创意的支持者。通过他们的行为来分析项目，筹资人便可以按需组织生产。“众人筹款，为梦想买单”，由用户定义产品、决定产品，这就是以用户为中心、以市场需求为根本打造的 C2B 商业模式。

众筹如同试验田

马云曾经断言：C2B 才是电子商务的未来。事实也已经证明了 C2B 模式比以往的 B2C 商业模式更具优势：以销定产，产品由用户驱动，商家再也不必为自己的产品是否符合市场需求而惴惴不安，还可以从用户那里获得更多的经营思路和启示。C2B 这种既高效又经济的商业模式，如果结合众筹这一利器，可以让 C2B 落地更简单。众筹分为以下三个阶段：

1. 项目发起阶段

这个阶段主要是发布与传播众筹项目，吸引筹客支持，即筹资人有一个新的想法或者思路，传播出去让更多人知道。

发起的众筹项目，有的已经研发出了样品，有的还只是一个研发团队，有的甚至只是一个想法。无论是哪一种，这种创新或创业项目都还没有经过市场的检验，都是不成熟的。筹资人在发起众筹后，通过分析该项目用户的特征，可以发现潜在的目标用户，并且根据他们的反应来进一步完善项目。

2. 众筹阶段

众筹的关键环节在于融资，也就是究竟有多少人愿意真金实银地支持这个项目。目前有不少发起人把众筹作为预售来操作，尤其是硬件产品众筹，看起来很像预售与团购。他们把项目放在众筹平台上，参与众筹的用户可以获得该项产品，最终根据支持用户数来组织生产。

实际上，做众筹的收获不仅仅在于卖出了多少件产品，融得了多少资金，更在于获得支持用户的数据。任何产品投放市场，最终还是希望能够获得用户的更多认可。要做到这一点，需要 B 端深入了解 C 端用户的想法，吸收他们的意见和建议。

3. 交互阶段

众筹产品到达筹客手中，标志着一个众筹项目的完结。实践是检验真理的唯一标准，在众筹项目完结后，要多与筹客交流并留心收集各种反馈，这不但能够增加筹客的信任感、忠诚度，还能听到来自用户最真实的声音。

综上所述，众筹更像是试验田，不仅仅是为了自我营销、融得资金、卖出商品，还有一个重要的功能就是通过与用户的交互，起到前端试错的功能——这其实也是众筹之于 C2B 的意义。

被誉为“2015 年最治愈手游”的《鲤》，画面与音乐完美结合，一上线就切中了时下玩家的需求。该款游戏当初在 ACG（动画、漫画、游戏的统称）众筹平台摩点网上众筹时，先后经过了 8 次更新，开发者通过众筹平台不断地和玩家沟通以改进产品，如添加了全新的新手引导、超强火花提示，简化了操作，修复了以前的闪退等 BUG，这些改进都是开发团队基于玩家的意见或建议，最终形成了这款全新的游戏版本。

在该款游戏第七关的“逆流而上的希望”中，最初的设计是有任何失误都会将玩家带回到起点。有很多玩家就此向开发团队提出了自己的建议，他们认为在游戏时遇到太多的挫败会让自己失去耐心而放弃。技术团队评估后采纳了用户建议，放缓了大黑鱼游动的速度，也延缓了水流的时间，让玩家可以更顺利地通关。

事实上，每一款成功的互联网产品都需要在大量用户的帮助下不断优化功能、升级换代，走向极致。互联网产品每一版出来之后，都会进行内测和公测，而众筹恰好包含了用户测评的功能。众筹以产品为中心，把有共同需求的用户聚集在一起，他们会真诚地表达自己的意愿，与企业一起来优化产品。

众筹 C 端的 idea 给 B 端带来灵感

点子众筹，也是利益共享的新型 C2B 模式。点子众筹目前还处于起步阶段，但从长远来看是一种极具发展潜力的商业模式。在这种模式中，对于 C 端来说，用户有了展现自己 idea 的平台，可以获得额外的收入以及满足自身需求的产品；对于 B 端来说，吸取了更多设计、生产的灵感，可以让产品更完美，获得忠实用户。

点子众筹

2011 年，美国一位大学生在 Quirky 社区上提交了自己的“点子”，令他没想到的是，他的点子被 Quirky 实现，很快就做出产品在美国的各大超市“亮相”。

这款创意型产品是一个蛇形插座，是美国大学生杰克·兹恩想出来的点子。其实杰克早在中学时期就想到了这个“点子”，那时杰克发现自己家里的插座在外形设计上非常不合理，插头受到限制，每次只能插一两个插头。超市卖的那些插座尽管从外形看起来很方正，但不实用，因此他想到蛇形插座：让每个插孔都处于独立的位置，并且可以随意旋转，这样每个插孔都可以用到。当时杰克自己还画了一个草图，但他不知道该怎么去生产制造与销售，因此该想法也就停留在草图上了。

2011 年，杰克上了大学，一个偶然的机会在网上了解到 Quirky，他当即重新画了蛇形插座的草图，并在 Quirky 社区上提交。结果，他的创意得到专家和诸多会员的青睐。不到一年的时间内，蛇形插座疯狂摆满了美国的各大商场，杰克因此而一夜暴富。

是的，点子也可以众筹，比如国外的 Kickstarter、Express、Assembly 等，国内的 Nextbuy（造吧）、百级网等都属于点子众筹平台。

群众的智慧是无穷的，用户往往会有一些好的创业点子，或者对某个产品有建设性意见，但并不是每一个人都有能力去实践自己的想法。这时，点子众筹就可以帮他把创意变成产品。

1. 想法发布

用户把自己的想法发布在网站平台上，这些想法可以是一个新的产品创意，也可以是对现有产品的改造创新。

2. 用户投票

想法提交后，所有的平台用户都可以浏览这些创意，并且对自己喜欢的创意投票。若一个创意的投票支持率达到一定的标准，就会有专业设计师进行可行性评估。

3. 设计方案出炉

通过评估的创意经过设计师的设计形成专业设计效果图，并让用户再次投票，通过的话会成为最终设计方案。平台根据设计方案组织生产和销售，有的平台自身就有设计、生产能力，有的平台仅仅是充当用户和厂商沟通的工具，生产上交由外部的 B 端。

一石三鸟

点子众筹对于 C 端和 B 端以及平台方来说，都是有百利而无一害的。

对于用户来说，点子众筹平台让用户有了充分表达意见的渠道。从平台角度来说，无论是自己组织、设计、生产，还是作为 B 端的连结渠道，都可以获得收益。从负责生产的厂商 B 端来看，除了具备一般 C2B 模式的优势之外，用户众多的创意对于他们是一笔宝贵的财富，可以让他们更近距离地了解用户的需求，并且对产品的设计和生产起到启迪作用。

2015 年 7 月 12 日，“中国家装商业模式创新峰会”在沈阳召开，众多互联网家装企业就家装电商进行了深入讨论，有住网总裁李丕提到了其旗下的 ideahome。

> ideahome 的定位是面向 80 后的互联网产品，模式为 C2B2F。产品装修方案都是源于 C 端用户深度参与，且经过大数据分析大部分用户的喜好后形成的。然后，根据充分代表 C 端意愿的设计方案，与地产商展开整体合作，这是 2B 部分。有住网进行全产业链垂直整合，工厂的产品、原料可以直供、送达用户手中，这是 2F 部分。通过这 3 个部分，有住网完成了一个整体生态链的构建。

传统的开发商思维是建立在商业利益的基础上，更多地考虑商业和市场供需关系，而 ideahome 的开发思维是建立在 C 端用户的需求上。大量用户数据沉淀而成的方案，无疑更接近用户需求。

地产商还可以通过 ideahome 直接与用户沟通，了解用户需求。例如有的定制用户要求改变立邦漆的颜色，在用户集体表决后如愿替换。ideahome 通过用户参与，与用户交流整合产品设计，再展现给更多的用户供他们选择。

无论是从产品制造还是市场营销角度来看，此举都深得用户之心。有住网的触角覆盖了全国 23 个大中城市，越来越多的 C 端用户涌入有住网。与此同时，更多的 B 端企业进驻有住网。例如恒大、万科、世茂、绿地等知名房地产开发公司，都与有住网展开过深度合作。

众筹能否赢得下一个十年

2015 年众筹行业总成交额逾 100 亿元。根据世界银行发布的报告，2025 年全球众筹市场的蛋糕将达到 3000 亿美元，其中中国分得的蛋糕约为 500 亿美元。这是一块散发诱人香味的大蛋糕。

天不生众筹，创业如长夜。创业是和平时期最绚烂的一种生活方式。以往，囿于资金、资源的限制，人们大多数的梦想停留在空想，要么艰难启程、铩羽而归，但众筹却显示出了人人参与的强大力量。在众筹平台上，你的梦想将变成一群人的梦想。

作为一个新兴事物，众筹目前还处于探索与规范之中。我们有理由相信，随着相关政策的完善、众筹机制的完备以及众筹方式的普及，众筹对经济的促进作用将会愈发明显。

众筹目前所遇到的问题

截至 2015 年 6 月底，国内众筹平台共计 225 个，其中尚在运营的众筹平台为 210 个，这 210 个中，约有一半处于长期不更新的停滞状态。国内众筹业到底存在哪些不尽如人意的地方呢？又是什么原因造成了众筹“雷声大、雨点小”的现状呢？

1. 外部环境

（1）政策法律不够健全

众筹模式与现行法律法规存在一定的冲突，以股权、债券、分红、利息等作为回报的形式有非法集资之嫌。例如美微传媒在淘宝出售原始股的尝试就被监管部门叫停。在中国现行法律环境下，债权类众筹、股权类众筹存在一定的限制，投资者收益仅限于实物产品，并没有资金回报，这在一定程度上制约了众筹业的发展。

（2）民众对众筹存在诸多误解

信任是众筹模式产生和发展的基础，有些人将众筹等同于非法集资；还有的人认为众筹就是预售、卖东西。民众这些对众筹的认识误区，影响了众筹模式的普及。

（3）众筹项目知识产权保护不足

国内知识产权保护意识相对淡薄，一些筹资者发起的筹资项目的创意面临被恶意剽窃的风险。众筹平台无法保证筹资项目的知识产权，因此很多项目不肯披露产品或创意细节，这造成了用户无法做出正确的投资决策。

2. 众筹行业自身

（1）缺乏征信体系

征信体系是众筹平台的一大难点，通过陌生平台或者弱关系开展众筹，筹资人的信任机制、分配机制、退出机制是否健全影响到众筹项目和众筹平台的发展。部分项目发起人利用虚假信息圈钱的恶劣行径让人们对众筹望而却步，例如某手表厂商拖欠用户商品，也不退还用户筹资。投资者面临的是不诚信、高风险的众筹环境，自然也就不会积极参与了。

（2）盈利模式存在问题

如果在规定时间内未达到预定的筹款目标，众筹平台系统会自动将筹资退还给筹客，网站不收取佣金；如果众筹项目成功，网站会根据筹资总额收取一定比例的佣金。微薄的佣金是众筹平台的主要收入，欠缺更好的商业模式和盈利点，这在客观上制约了众筹平台的发展。

（3）机制不完善

在产品众筹模式下，筹客的筹资具备预购、投资和资助性质，一旦出现违约，如何挽回损失是一个影响筹客参与热情的难题。

（4）沦为炒作工具

众筹可以起到一定的营销作用，但绝不是营销工具，很多公司发布众筹的目的是想通过众筹获得大众的关注，完成项目冷启动，而不是想真正和用户一起创造产品。把众筹平台当成了自己的秀场，让众筹沦为营销的噱头，这些乱象影响了大众对众筹的认识。

（5）只金融，不商务

很多众筹项目的发起者只看到了众筹的融资作用，忽视了众筹的商务功能。

众筹实际上是比团购、预售更好的 C2B 模式，可以更实用、更经济地解决供需双方的问题。目前众筹的发展并不均衡：众筹产品中，智能硬件等科技产品、影视娱乐类项目占了绝大多数，文艺类创意产品众筹艰难生存，股权类众筹如履薄冰，民生类产品众筹屈指可数。

面对这种不均衡的众筹现象，业内人士感叹："众筹是非主流的互联网融资渠道，不向创业公司开放，只以音乐、影视、科技、漫画、游戏等项目名义筹资。投资者收益仅限于实物产品，并没有资金回报，众筹在国内变味了，沦为了广告投放平台。"

众筹的未来

未来的众筹将走向何处？又会呈现出怎样的发展趋势呢？

1. 众筹平台向垂直化发展

在电子商务领域，BAT 等几家大的电商瓜分市场，中小型电商只能深耕垂直细分市场赢得生存机会。众筹也是如此，京东、阿里巴巴的众筹平台凭借其庞大的流量占尽先机，它们打造的综合性众筹平台对于其他中小型众筹平台来说是一个无法企及的高度。因此其他的众筹网站只能向纵深方向垂直化发展，在某一领域里做专做精，才能建立起大鳄们无可奈何的行业壁垒。

在艺术众筹领域，众筹网上有一个众筹项目广受关注——《爱上邓丽君》原创音乐剧，融资额达到了 117 360 元，超过了预期的筹资目标。如果不是对音乐剧有专业的认识和了解，众筹网是不敢轻易涉足的。

众筹的筹资虽然面向大众，但是对于专业性、技术性较强的项目，资源仍然掌握在某一部分人手中，专门的知识与智慧，独特的资源与贡献，只能面向特定的群体。垂直众筹需要吃透所在行业的业务逻辑和流程，这样，垂直众筹平台就可以比综合性众筹平台做得更专业，从而获得利基市场。例如国内有专注于艺术品众筹的 ARTIPO、专注于同城众筹的众筹客、专注于互联网影视的聚米金融等垂直众筹网站，发展势头都比较好。

2. 众筹平台的移动化

移动互联网的发展，让各种商业模式都从 PC 端向移动端转移。众筹也会转移到移动端或者发展为两者兼具。对于众筹网站而言，移动化是现在必须面对的问题。从众筹模式来看，移动端的众筹场景更适合以创意为导向的众筹平台。

3. 众筹平台的服务化

任何新生事物的发展道路都是曲折的，众筹也不例外。当众筹进入快速发展阶段，相应的政策缺失与滞后就会显现出来，众筹平台管理的问题也会暴露出来。所谓“知不足，然后能自反也；知困，然后能自强也”。

众筹发展前景虽然被看好，但是在成长过程中一定会遇到各种问题。从发起人的角度看，拿到启动资金只是创业的开始，后续的创业指导、项目运作同样重要，尤其是在众筹创业者大部分缺乏商业运作经验的现状下，更需要平台为创业者提供一体化服务。未来的众筹平台会像“创新工场”一样对创业项目起到孵化作用。对于参与的筹资者来说，筹资活动本身的可信度、监管体系，以及众筹产品的质量保证、售后服务等问题都需要众筹平台完备的服务措施予以保障。

第9章

逃离鲸腹

开启 C2B 破冰之旅

C2B 模式率先在一些领域和行业内获得了突破，它的出现让这些领域、行业内的用户充分享受到了契合自身需求、充满个性、与众不同的产品和服务。比如，在金融理财领域，投资理财不再是富人、VIP 的专利；在在线教育领域，只要下载一个 APP，用户就等于拥有了一个私人家教；在旅游领域，不用跟团就可以享受一次针对自身需要的、个性化的旅游服务产品……C2B 的商业模式让用户真正享受到了“私人定制”的服务与体验，因而得以蓬勃发展，同时也促进了相关产业、技术的成熟和完善。

C2B 在金融理财领域的突破

互联网金融从 2013 年开始大行其道，并深刻地改变了人们的生活。从本质上讲，互联网金融依旧是金融，只是在方式和渠道上不同。互联网金融建立在大数据基础之上，可以更全面深入地了解用户，从而精准判断、精准营销、精准服务，带领用户进入一个多样化、个性化的“全民理财”阶段，C2B 经营理念也势必成为互联网金融在未来的着眼点和突破点。

C2B 金融：让梦成真

传统的金融模式存在准入门槛高、成本高、信息不对称等问题，尤其对于普通民众来说，想投资、贷款可谓难上加难。随着互联网的普及，金融、理财领域的互联网产品不断涌现，极大地方便和满足了普通民众投资、理财、融资等需求。

互联网的深入发展解决了信息不对称的问题，使得普惠金融成为可能。例如被称为“最牛理财神器”的余额宝，推出两周就疯狂吸金 66.01 亿元。而针对小微企业融资难以及普通用户理财难的问题，京东、阿里巴巴等互联网巨头也开始实施金融下沉战略，为小城市和农村市场提供了种种有针对性的金融服务。

2014 年 10 月 16 日，阿里巴巴旗下的小微金融集团——蚂蚁金服正式成立，其旗下有支付宝、余额宝、招财宝、蚂蚁小贷和网商银行。蚂蚁金服的战略是“农村包围城市”，帮助农村用户开通支付宝、余额宝等账户。在建立农村大数据的基础上，面向小微企业和三农做贷款业务，发展农业和农村电子商务。

此外，一些网贷平台也开始致力于为用户提供更加高效、更低成本的个性化金融服务。截至 2015 年 12 月 31 日，P2P 网贷平台达到 3 600 多家，交易规模为 9 750 亿元。与 2014 年相比，规模增长了 2 倍多，目标市场的定位越来越细化，C2B 趋势愈发明显。就服务内容来说，有做信用贷款、做融资担保，也有做典当租赁的。就服务对象来说，有专门做大学生领域的速学贷、小树贷款，也有专门面向创业者的众筹平台，面向中小微企业的小额贷款，等等。

C2B 模式在金融领域的突破，让人们和金融的距离更近了，有了更多实现梦想的方式和渠道。

C2B 理财：你的私人理财顾问

以往，国内只有极少数高端客户有专门的理财顾问，普通民众只能中规中矩地存款，或者买点股票、基金。

而 C2B 理财产品将互联网和大数据技术融合在一起，除了为用户提供个性化的理财方案，同时根据个人需求自动定制、自动理财。国内的理财类 App 产品有随手记、钱景私人理财等。随手记 App 的基础功能是记账，用户的每笔收入支出都可以按照类别记录，形成自己的财务报表。随手记后台可以根据用户的记录帮助用户规划支出。当然，随手记的功能不仅仅是可以随时记账，更重要的是它可以帮助用户管理财务，满足不同用户的多样化理财需求，为用户做出适合自己的、符合自己需求的财务管理决策。

此外，大量的个人财务数据也成为其实现定制金融的基础。例如根据用户财务数据，随手记可以为他们量身定制一些金融产品，帮助有投资、融资需求的人进行投、融资管理。

截至 2015 年 2 月，随手记用户数量已经突破 1.5 亿，成为中国互联网金融最大的个人理财金融入口。每个人的理财目标都不尽相同，不同的年龄阶段、不同的生活场景等各种因素决定了不同的理财需求。但在实际理财活动中，很多人对理财方式的选择并不明智，并不知道该如何规划自己的“钱”景，例如筹备养老资金的人不适宜进行高风险的股票投资，孩子在未来的教育资金也不适宜做短期投资，等等。

C2B 理财产品从用户需求出发，让理财也能定制化。用户只需要设想好自己的目标和场景，C2B 理财产品就能够根据用户的投资习惯、风险偏好、风险承受力，匹配出个性化的理财组合。这种理财方式可以真正实现多元化、简单化和个性化，是未来理财产品的发展方向。

中央财经大学金融法研究所所长黄震说："互联网金融将会迎来发展的黄金 10 年，可以看到传统领域升级还有很大的潜力，金融逐渐向内渗透，任何一个产业要升级必然接触到金融。同时任何一种产业在信息化升级之后就能很方便地打通互联网金融。未来中国的产业转型，这些模式会有很多，我非常看好 C2B。"

从猿题库看教育领域的 C2B

作为教育产品，如果在线教育能够像线下一对一家教那样提供个性化的、有针对性的辅导和练习，必然会更受学生欢迎。基于这种需求，C2B 商业模式在教育领域大有用武之地，猿题库在这方面做出了优秀的示范。

猿题库：用 C2B 模式领跑在线教育

2015 年 3 月 30 日，猿题库获得 D 轮融资 6 000 万美元，估值高达 3.6 亿美元。猿题库是由网易门户事业部前总裁李勇于 2012 年创立的一家在线教育机构，旗下有学生题库产品“猿题库”和职业类题库产品“粉笔题库”（包括公务员考试、司法考试、研究生考试等）。D 轮融资只针对学生产品，即猿题库，没有包括粉笔题库产品。

众所周知，在线教育领域中具有支付能力的成人教育是一块大蛋糕，考研、英语四六级、职考、司考、公务员考试，等等，项目繁多，利润可观。许多知名教育培训机构都是从成人教育发展起来的，例如新东方就是以成人英语教育起家的。猿题库的学生教育（K12）产品又是凭借什么获得资本的青睐的呢？猿题库起步时几乎涵盖了所有的教育领域，但创始人李勇很快就意识到要把产品做好就必须专注，于是选择专注于 K12 领域。

猿题库在 K12 领域发起了一场有关习题的革命，学生可以从一万套试卷中产生出一套“只为你定制”的卷子。那么，猿题库的个性化试卷是怎样产生的呢？

例如，某用户在猿题库上注册账号，当他开始进行第一轮测试时，其实就已经开始了自己在猿题库的数据旅行。第一套题是固定的 15 道题，这个测试对所有考生都一样。用户完成测试后，系统会根据考生的答题情况自动生成 100 套试卷，根据算法两两适配，题目从 100 套变成 200 套，系统结合考生的实际情况对 200 套试卷打分，

> 留下 100 套试卷再进行打分评价，重复 100 次这样的过程后，就产生了专属于考生的第二套试卷。因此几乎是从一万套试卷中产生一套专属某一个用户的试卷，而用户拿到的各不相同的第二套试卷，就是大数据运算的结果。随着做题次数的增多，系统会自动调整对用户能力的评估。用户做的题目越多，预测结果越准确。

猿题库改变了传统的教育模式，通过个性化的测评、定制、大数据推荐，产生专属于用户的备考题库、备考试卷，针对性非常强。学生们说，在猿题库做题，就像有一个专职家教在身边。从以上案例可以看出：猿题库之所以能成为在线教育里的领跑者，在于它的 C2B 模式切中了用户的需求。

我国著名教育学家孔子说过“有教无类，因材施教”，这是教育界的至理名言。每个人的基础不同、学习内容都不同，他们最需要的是符合自身实际的教学服务。电商们都在轰轰烈烈地进行 C2B 转型、升级的时候，蓦然回首，其实在线教育本身就是一个 C2B 模式的典型行业。

“网红老师”能否激活在线教育市场

根据腾讯科技旗下互联网产业研究专业机构“企鹅智酷”发布的《2015

年中国在线教育报告》显示，过去 3 年，全球在线教育市场规模达 1 665 亿美元，预计 2017 年达到 2 555 亿美元，中国在线教育市场的年增长率为 52%。

面对如此巨大的在线教育市场，无论是传统的教育机构还是新兴的在线教育产品都不会无动于衷。然而，做一个平台，或者做一个 App，通过一定的营销手段吸引老师和用户，是谁都可以做到的事情；做题库资源，以 C2B 模式开发个性化教育，大家也能模仿。

那么，在教育领域，什么才是独一无二、无法复制的宝贵资源呢？

——当然是老师了。2016 年 3 月，在线教育 K12 教辅市场波澜再起，猿辅导老师王羽在微信朋友圈里晒出了他的课程清单，2 617 名学生购买了一节单价 9 元的高中物理在线直播课，扣除支付给猿辅导 20% 的分成后，他一小时的实际收入达到了 18 842 元。而且随着学生用户的增多，这一收入额还将继续增加。

一石激起千层浪，王羽老师的高额收入不但在教育行业内部产生了巨大影响，也引发了全社会的关注。在老师高收入的背后，是在线教育带来的教辅行业模式变革。猿题库联合创始人帅科认为：“未来中学辅导一定是走向纯在线化，打破时间、空间限制，实现规模化，降低学生成本，实现对老师更高的激励。”

猿辅导品牌公关总监黄敏慧表示：“在线上，老师的生源数量和分成比例得到了大幅提高，高薪自然不成问题，而且有实力的老师口碑和影响力可以快速扩散至全国。”黄敏慧认为，猿辅导上的名师的影响力丝毫不逊于网红。任何一个学生用户都希望得到名师点拨，那么类似王羽这样的“网红”老师肯定会成为吸引学生最有力的资源和“武器”。因此，在线教育市场需要思考的下一个问题就是：如何打造和留住像王羽这样的“网红”老师，从而拥有独特的核心竞争力。

传统的教育方式，再优秀的老师覆盖学生的范围也是有限的，只有在互联网时代，老师的教学才能突破时空限制，才能惠及万千学子，才能获得如此高的报酬。这种模式将激励更多的老师提高素质，提供更好的授课服务。

教育行业和其他行业不同的是，教育行业提供的是非标准化服务，用户对教育的需求也是多元化的，C2B 特征非常明显，也就是“你需要什么课程，我就能够提供给你什么课程”。因此，对于在线教育产品来说，有的是创新机会。

旅游 C2B：麦淘亲子游打造社群电商

虽然 OTA（在线旅游）领域已经是巨头林立，但是用户在旅游中的各种痛点、痒点依然存在，这意味着 OTA 领域仍然存在很多创业机会。作为新兴创业者，需要找到好的切入点才能赢得自己的一席之地。比如麦淘亲子游这种去中心化的 C2B 社群模式就是很好的实践和突破，同时也为 OTA 市场带来了生机和活力。

麦淘亲子游的 C2B 定制

市面上的旅游品牌很多，所推出的旅游产品的关注点大多集中在产品和服务上，比如去哪儿以廉价机票著称，艺龙以质优价廉的酒店预订为优势，而以用户为核心的旅游产品并不多。

随着生活水平和消费能力的提高，人们不再满足于大众化的旅游路线，更希望能够依照自己的心情和爱好享受旅游。例如蜜月旅游者会选择风光旖旎的海浪沙滩，老年旅游者喜欢欣赏名胜古迹，年轻旅游者喜欢登山攀岩等，在此基础上如果继续细分，还能分出更多的旅游项目。根据不同的用户喜好提供不同的旅游服务产品，是旅游业发展的一大趋势。近几年出现的一批 OTA 垂直电商新秀，他们从用户角度出发，为用户量身定制旅游项目，提供个性化的旅游服务。麦淘是一家专门做亲子旅游市场的 C2B 定制平台。其服务模式是做用户和供应商之间的沟通平台，以用户需求来定义产品。

用户登录麦淘官网或者麦淘 App，会看到丰富多彩的亲子旅行项目，可以根据该项目的介绍选择适合自身实际情况的旅游产品。用户还可以根据平台的提示填写自己的旅行需求，比如预计出行几天、几个人、对目的地有什么要求，等等，然后服务人员会根据用户的需求马上设计出一份专属于用户的个性化旅行方案，经过相互的协商、修订，最后付诸实施。

此外，麦淘在充分考虑用户需求的基础上，针对亲子游市场的特点设计旅游产品，实现了 C2B 定制。比如，其旗下既有针对周末有旅行需求的用户推出的城市周边短线旅游项目；也有针对学生寒暑假期间出境的长线旅游项目；在产品内容上针对孩子的兴趣爱好，设计体验性、互动性的活动，如夜宿恐龙馆、攀岩体验、农场体验，等等。而且也考虑到了一些人性化的细节，比如有两个孩子的家庭需要加床，考虑到小孩子的安全，不会安排人流拥挤的景点，等等。

麦淘最有创意的一个项目是将亲子游与校友会进行了有机结合。现在的校友聚会越来越流于形式化，一次聚会下来并没有建立深厚的感情，但是如果和亲子游结合起来，就会产生良好的效果。因为家庭之间的互动交流更容易产生稳固的关系。麦淘曾经组织过中欧商学院、复旦校友等亲子游专场，取得了非常不错的市场反响。

麦淘的亲子游充分满足了用户的需求，所以获得了很多用户的关注和认可，使得麦淘在众多旅游品牌中脱颖而出。至 2014 年年底，麦淘已有 7 000 多名会员，每名会员的重复购买周期平均为 52 天。

亲子游市场是很多垂直电商专注的领域。通过亲子游可以构建起一个家庭和谐的气氛，增进亲子关系，因此这也就成了现代家庭休闲和教育结合的首选。

根据易观国际发布的《中国在线亲子游市场专题研究报告 2015》显示，亲子游和其他旅游产品相比，在用户覆盖率、出游频率和市场增长率三方面都处于市场领先地位，已经成为旅游市场中最富潜力的项目。亲子游市场的火热吸引了众多的旅游品牌涉足。那么，如何才能在激烈的市场竞争中脱颖而出，获得用户的心呢？麦淘亲子游的 C2B 定制起到了一定的示范作用。通过麦淘的成功，我们深切地认识到，如今的旅游市场再也不是往昔旅行社流水线上的同质化产品，而是需要满足用户的个性需求，提供体验更好的个性化服务。

网红效应：旅游 C2B 电商的法宝

麦淘亲子游一类的 C2B 定制模式虽然发展势头良好，但在实施中仍然存在一些问题：一是因为用户没有去过目的地，无法与供应商进行有效沟通；二是个性化需求的运作成本较高，在用户数量较少或者单价较高的情况下，容易导致交易失败。C2B 旅游“看起来很美”，但是实际操作中仍然有很多难点需要攻克。而通过社交方式来提高沟通效率、确定用户需求无疑是一个很好的途径。如今，伴随网红经济的崛起，旅游业也在尝试着引入网红效应和社群思维，进一步改造旅游 C2B 模式。2016 年的春天，以“寻找春天”为主题，途牛旅行网与网红经纪公司汇美集团跨界合作，通过网红推广来锁定更多的精准粉丝。

在预热阶段，汇美集团邀请了五位网红到五座城市采风。在跨界双方的线上、线下平台共同推广，将用户引流，提升流量和销售量。在移动互联网时代，偶像崇拜从过去的明星、名人，快速扩展到更广阔的人群，曾经的“追星族”已经发展成为更多元的粉丝群体。每一个微博网红就代表了百万级、千万级的精准粉丝流量。途牛之所以选择与汇美合作，就是看中了汇美旗下丰富的网红资源。

网红效应可以产生更精准的粉丝流量，网红们在特定的圈层、社群有强大的影响力，他们不是大众偶像，而是小众精英。汇美集团董事长兼 CEO 方建华表示："我们认为消费者已经发生变化了，现在在互联网时代，消费者越来越觉得，要穿出自己的个性，这是很重要的改变。我们在品牌的塑造上，要做出差异化来服务某一类人，让忠实的粉丝更忠实，而不做大而全的大众化的东西。"

在 Analysys 发布的报告中，途牛在 2015 年第四季度交易规模为 34 亿元，同比增长 132.5%，市场份额增至 26.2%，首次超越携程，位居行业第一。应该说，途牛"跨界"网红经济的尝试，发挥出了很好的协同作用。网红社群的沟通方式很多，官网、微信群、QQ 群、旅游自媒体、微博等，都是立足于社群的社交属性。网红社群一方面加强了互动交流的效率，更好地明确了用户的需求，另一方面也能吸引用户，让用户获得参与感，提高用户的黏性。这也是各大 C2B 旅游电商在不断强化社交功能的原因。

总之，C2B 社群旅游方式真正实现了以销定产，具有突出的竞争优势。无论是从旅游电商、旅游资源的供应商还是用户本身来说，都是互利共赢的。

1. 对于旅游资源方而言，达到宣传、营销和销售的三重目的

在社群中，用户之间可以群策群力、互通有无，例如有的用户去过这

个地方，但其他用户没有去过，大家可以互相交流，达成一致的旅行计划。社群做好了，非常利于旅游产品的推广与销售。

2. 对于用户而言，实现了性价比、个性化和高品质的三重保障

大家都知道跟团旅行在交通、住宿方面都比个人出游要优惠得多，这也是用户规模化的结果，但是跟团游只能随大流，无法实现个性化需求。而通过社群的 C2B 定制，有共同想法的人聚集在一起，结伴出游，既照顾到个人的需求，又可以和商家议价，享受到一定的优惠，从而达到规模化与个性化之间的平衡。

3. 对于旅游电商而言，获得了竞争优势

把时下流行的 C2B 模式和社群电商搬到 OTA 行业，可以实现先聚集人再为这群人提供定制化产品的目的。同时，社群与定制跟产品紧密地连接，可以形成很强的黏性，这是一大竞争优势。

云服务的 C2B 个性化定制

云服务正在影响着我们的工作和生活。大到政府机关、公共设施服务、工业制造生产，小到各行各业的企业管理，甚至个人的娱乐生活，都可以通过云服务获得更准确、更具有针对性的信息和数据。

用户对于云服务技术的依赖和需求，使得云市场更加繁荣，日趋成熟。全球领先的互联网公司 IBM 已经可以根据用户的个性化需求提供不同的云解决方案。在我国，很多省市都在构建智慧城市，企业和个人用户可以像买其他商品一样在云市场购买云服务应用，实现了“按需付费，按需定制”。云服务一方面为各行各业的 C2B 转型升级助力加油，另一方面其本身也在践行 C2B 定制。

无处不在的云服务

什么是云服务？简单地说，就是在云计算的框架下，将所需要的数据资料放到网络上，在任何时间、地点，使用不同的 IT 设备互相连接，实现数据的存取、运算等目的。云服务彻底改变了以往的资源共享模式，随着智能手机的普及，移动云计算应运而生，用户可以随时随地获取云服务。无论是企业数据，还是个人资料，云服务都可以高效率地提供服务。中国云工厂与广州岭南电子商务产业园共同创建了全球首家 C2B 创新运营平台，建立起了一个 C2B 生态系统。这个生态系统由 C2B 个性化社区、设计联盟、快速反应生产联盟、社交平台和商品交易系统等几大部分组成。拿服装行业来说，中国云工厂拥有庞大的云设计团队，设计师们根据商家需求完成设计图稿、设计视频并且上传，将入选的方案迅速通过云平台制作成实样，然后由商家召开线上订货会，用户通过社区或者社交平台进行选择，生成订单。这些订单再交由云生产平台，面向各生产企业进行招标，中标的企业按照订单完成生产。这些环节都是通过强大的云端得以高效率地实现。中国云工厂运用云技术，与实业结合，促进了传统行业的转型升级。云服务正在成为互联网产业发展的战略重点，市场规模激增。

2015 年，全球云服务市场规模增长 13.06%，达到 1 750 亿美元。在产业规模快速增长的同时，我国云计算产业结构也在不断优化，进军云服务领域的企业越来越多，阿里巴巴、百度、腾讯、思科、华为等都相继推出了云服务产品。早在 2011 年，联想集团在深圳召开了联想商用技术发展论坛，主题就是“赢在移动云计算时代”。联想介绍了其移动云计算策略，表达了构建移动云计算产业生态系统的美好愿景——秉承 CEMS（Cost 意为成本，Efficiency 意为效率，Management 意为管理，Security 意为安全）商用技术理念。

在终端方面，联想为用户提供了丰富的移动互联终端，为移动云计算提供了条件。在行业应用平台方面，联想为用户搭建了移动互联行业应用基础平台，可以横跨各个行业。在后台基础设施方面，联想为客户提供了包括后台企业级数据中心、大规模公共计算在内的 IT 基础架构。

联想还与 SAP、用友、IBM、思科等优秀企业展开协同合作，为用户提供更符合行业特征和更契合用户需求的云计算解决方案。无论是城市管理、教育、保险、物流还是中小企业，无论在解决方案层面还是产品和技术层面，联想都希望通过自己的云服务能力为移动互联商用市场提供有力的支撑。

如今的云计算已成为一种全新的 IT 资源交付和使用模式。云服务对于开发者来说是一种技术和产品，对用户来说是一种应用和服务。任何一种云解决方案，都是为了动态响应和满足用户不断升级的需求。云计算进一步打破了传统网络的局限，无论何种硬件，都可以拥有一个统一的云端。在这个云端，用户既可以获取服务，也可以发布共享，还可以实施远程办公和管理。云计算将变得无处不在，无所不能。

云服务也能实现个性化定制

云服务也能“即开即用、按需付费”？

是的，用户可以像网购一样购买云服务，云服务也能像其他商品一样实现个性化定制。以前软件服务商通过销售软件来为企业提供服务，通过遍布全球的服务网络来支持软件的运行和维护，响应速度慢而且运营成本高。现在的软件商销售、交付和运维都可以在线上操作，不但大幅度节约成本，服务效率也得到了明显提高。对于那些有不同需求的用户，还可以提供个性化的云服务定制解决方案。IBM 从众多提供云服务的供应商中脱颖而出，法宝之一是可以满足不同企业的个性化需求，向其提供云服务定制。

2014 年 5 月 30 日，IBM 推出了一个投资组合的云包，即 IBM 云业务解决方案。这是为运行特定的业务流程而设计的，每个云包由 IBM 的咨询服务、软件、分析工具、云基础设施组成，可以通过调整和定制来满足企业特定的用途。

目前IBM的云计算可以提供约20种云包。在初始包中包含病患管理、客户数据、移动系统和预先资产优化四项内容：病患管理包，通过不同系统之间的协调来照顾病患；客户数据包，聚合了内部和外部的数据源，通过数据分析，为企业的营销和运营提供支持；移动系统，为企业的客户和员工开发更多交互软件系统应用；预先资产优化，为企业提供监控和分析跟踪设备，对损坏组件可以提前预测以减少设备故障带来的损失。

飞利浦电视的制作商 TP Vision 就是 IBM 云包的使用者，TP Vision 通过捕获和分析用户行为获得智能电视服务的相关数据，以帮助企业更好地了解用户，进而为用户提供更好的产品和服务。IBM 这种个性化的云服务使其超越了亚马逊、微软等一般的 IaaS（基础设施即服务）和 PaaS（平台即服务）的提供商。

一个市场得以生存和发展的根本原因在于需求，我国从 2009 年开始出现了云计算，此后热度一直有增无减，各行各业的应用需求起到了非常大的推动作用。为了能够提供高效能的、更符合行业实践的云服务，互联网领域的云计算发展尤为迅速，已经成为 IT 产业发展的战略重点。

2014 年，全球 IT 公司纷纷向云计算转型，进一步扩展了市场规模。在 2015 年，个性化定制云成为云服务业态的重要方向，企业级的移动云应用得到进一步发展，智慧城市和工业等重点行业也成为云服务的主要市场，例如工信部的“十三五”纲要就把云计算列为重点发展的战略性产业。

2015 年 7 月，阿里云的“云市场”服务在全国市场开通。云市场是一个“淘宝式”的软件应用和服务交易平台，有数百家软件商入驻，用户可以一站式解决云应用与服务的购买、部署和维护。

云定制平台是一个生态圈，用真正的个性化体验和服务来改变传统的互联网应用销售模式。在这一趋势下，传统行业运用云服务进行转型升级，新兴企业通过云服务加强管理和增强企业竞争力，已成为时代发展的必然。而 C2B 云服务因为具有个性化和定制化的优势，将会被越来越多的用户所接受。

文化衍生领域的 C2B

互联网经济席卷一切，文化也不再是被锁在象牙塔里的“阳春白雪”，而是与实体经济相结合产生出了文化创意产品，走进普罗大众的生活。这不是文化的堕落，而是文化的新生，因为只有走出象牙塔才能真正为大众所认识、接受并且喜爱。在 C2B 浪潮之下，文化产业也在寻找差异化的产品之路，以便能够设计、开发、生产出与众不同的创意产品。

《大圣归来》的奇迹

国外的文化衍生品市场非常火爆，例如美国大都会艺术博物馆、史密森尼博物馆群的文化衍生品年均销售收入都超过 1 亿美元。国外电影产业的大部分收入来自电影衍生品，而不是票房。与国外文化创意产业相比，我国的文化衍生品市场还处于刚刚起步阶段。

对文化进行创意性开发，不但不会损害文化的高雅，还可以让人们近距离地欣赏、了解并且喜爱上文化。这一点在社会各界已经形成共识。

如何突破传统文化产业的瓶颈，把文化资源优势变成文化发展的优势，是当下许多人都在思考的问题。

2015 年 7 月，国产动漫《大圣归来》上映，其衍生品的销售创造了一个奇迹：在天猫的 12 个单品众筹项目上线首日就取得了 1 180 万元的成交记录，这是中国动漫和中国电影周边产品在历史上最高的单日销售额。其中，一款 T 恤销售额超 100 万元，还有一款定制钥匙扣一天销售额竟达到 367 万元。

天猫和制片方推出相关衍生品只用了 10 天，这是 C2B 众筹模式创造的效率与效益的双赢。其具体操作模式是：首先，天猫和商家开发、设计衍生品，在淘宝平台上进行众筹，搜集用户意见；然后根据众筹结果，挑选人气高的产品开发、生产，并且推向市场。这种 C2B 模式促使供应链升级，极大地提高了生产效率，保证了所生产的产品更受用户喜欢。

如今，文化的精髓正以人们喜闻乐见的方式展现出来，人们喜欢那些兼具文化意味的产品。粉丝们对于某种文化的偏爱，也会促使他们为相应的衍生产品买单。随着时代的发展，类似的文化衍生品将越来越多。

文化与经济“举案齐眉”

从《大圣归来》衍生品的热销，我们可以看到文化与经济相结合能够创造出更大的价值，因为文化衍生品让商业品牌的粉丝和文化品牌的粉丝有了共同的关注点，扩大了用户基础，也就扩大了市场效益。传统产业借助文化之势，也达到了“一子落而满盘活”的效果。

当今，各行各业的同质化竞争越来越激烈，设计与创意会成为产品的一大亮点，也会成为其突出的卖点。尤其是文化衍生品市场，如果能够将文化与现代商品完美地结合，完全能达到设计与创意的最高境界。在广东东莞，出现了与文化结合、突出产品设计的传统产业，例如知名童装品牌小猪班纳与动漫文化产业结合，形成了产品和品牌的独特优势。

2015 年，小猪班纳服饰公司投资的动漫电影《小猪班纳之梦想大冒险》在全国各大影院热映。除了电影，小猪班纳还陆续投资拍摄了 52 集《小猪班纳》动画片。从 2012 年到现在，小猪班纳在动画影视方面投资达 2 000 多万元。动画片播出后，小猪班纳受到了小朋友的喜爱，品牌影响力迅速提升，童装产品的销售也随之大大提升。

阿里巴巴在文娱领域的布局与手法

经济的发展与技术的进步让跨界融合之势越演越烈，文化产业亦是如此。不少商业巨头频频染指文化产业，它们的加入促进了 C2B 模式在文化产业的落地实施。2015 年 3 月，阿里巴巴认购“文化中国”约 60% 的股份，而后与“文化中国”在文娱产品投资、生产、发行、消费等整个流程上展开合作。其中合作重点便是以 C2B 模式打造更符合当下观众需求的电影及电视剧。

此次合作中，“文化中国”具备制作电影与电视剧的技术、资源、经验优势，阿里巴巴则拥有大数据分析、云计算及电子商务平台方面的优势和经验。阿里巴巴一方承担 C2B 中分析受众的特点和需求以及受欢迎的剧情和演员的 2B 功能，与“文化中国”强强联手，打造原生的、定制化的优质内容。

从 2014 年 7 月开始，阿里巴巴在文娱领域便频频发力，不断拓展其文化产业的版图：与华数传媒合作推出电视盒“华数彩虹 BOX”，与创维合作推出影视众筹平台“娱乐宝”，于 2016 年全资收购优酷土豆……

阿里巴巴的大数据优势、平台优势可以为影视文化的设计、制作、发行提供有力支撑，达到 C2B 定制的效果——“观众想看什么，我就拍什么”。同时，其强大的推广传播能力也是其他媒体所无法比拟的，因此其前景可谓一片光明。

2015 年 4 月，阿里巴巴将集团旗下的淘宝电影票和娱乐宝资产注入阿里影业有限公司。2016 年 8 月，阿里影业公布了 2016 年中期业绩：2016 年上半年实现营收 2.573 亿元，较去年同期增长 1 022%。其中，内容制作、互联网宣发、娱乐电商、国际业务这四大核心业务均获得全面的突破性进展。阿里影业与派拉蒙影业合作的《忍者神龟 2：破影而出》与《星际迷航 3：超越星辰》，“娱乐宝”会员只需出资 100 元即可成为“投资人”，预期年化收益率为 7%。目前，“娱乐宝”是全球最大的 C2B 电影投融资平台。

在衍生品生产中，阿里影业承担的是平台功能，连接 IP 提供商与衍生品开发商。衍生品开发商在拿到 IP 供应商根据电影给出的风格指南后，阿里影业为开发商提供 C 端数据，帮助开发商了解什么类型、样式的产品更受欢迎。这种 C2B 的衍生品开发方式，受到了开发商与用户的一致欢迎。

伴随互联网的深入渗透，文化领域与消费者的界线进一步消融至无形。市场经济的 C2B 趋势有力地促进了资本与文化、创意、设计之间的融合，文化衍生品领域商机无限。

新书推荐

引爆本地自媒体

相较于变现来说，获取粉丝并不难。自媒体如果欠缺可行的变现手段，一切好看的数据终归是水中月。《引爆本地自媒体》一书围绕“变现”这个核心，提出了“3+2”矩阵策略：个人微信号和公众号运营、社群营销互相呼应，线上与线下双轮驱动。对所有本地自媒体从业者来说，弄明白这个矩阵，流量变现将得心应手。

《引爆本地自媒体》一书得到了方雨、牟长青、徐达内、姚俊峰、周维、周鹏鹏、刘辉、钱钰、窦明亮、图王等互联网专业人士的一致叫好点赞，获得了全国领先的 21 家本地自媒体的大力推荐。